한 그루의 나무가 모여 푸른 숲을 이루듯이
청림의 책들은 삶을 풍요롭게 합니다.

내 아이 창의력을 키우는

엄마표 두뇌발달 놀이

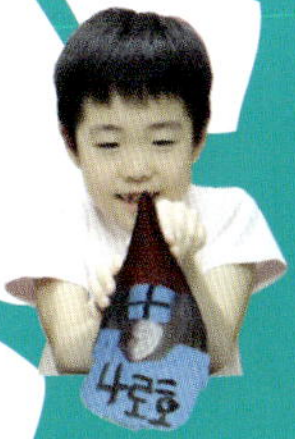

김주연 지음 | 유재령 감수

3~7세

청림Life

Prologue

작가의 말

보통 엄마,
엄마표 놀이를 결심하다

아이들과 함께 엄마표 놀이를 시작한 지 어느덧 2~3년이 되어갑니다. 처음 엄마표 놀이를 시작할 때만 해도 이런 놀이가 그다지 활성화되지 않았어요. 그런데 요즘은 엄마표 놀이를 저보다 더 잘하는 분도 많고 이전보다 어머니들이 아이의 육아, 교육에 대해서 관심이 많다는 것을 느낄 수 있답니다.

사실 저는 아이들이 어릴 때부터 엄마표 놀이를 하지는 않았어요. 엄마표 놀이가 너무 어려워 보여 두려웠거든요. 그래서 보통 엄마들처럼 아이를 데리고 놀이 학습을 할 수 있는 문화센터를 다녔습니다. 그러다 보니 각종 엄마들 모임에, 아이에게 친구를 만들어준다는 핑계로 일부러 시간을 낸 수다 모임까지 정신없는 하루하루가 이어졌답니다.

그런데 어느 날 뒤돌아보니 이 모든 것이 아이는 핑계고 저의 즐거움을 위한 것이더군요. 아이에게 미안했습니다. 그래서 그때부터 모든 관심사를 아이에게 맞추려 노력했어요. 쇼핑 품목이 아이들 책, 교구 등으로 점점 바뀌었습니다. 아이에게 진짜 필요하고 아이가 원하는 건, 아빠가 출근한 후 엄마를 따라 가는 카페나 백화점이 아니라 엄마와 집에서 함께 노는 것이란 사실을 뒤늦게 깨달은 것이지요. 이쯤 되자 엄마표 놀이로 아이들 교육을 직접 해보고 싶다는 마음이 생겼습니다.

▶ 엄마표 놀이를 처음 했을 때 작품. 아이가 펭귄 책을 들고 오더니 똑같다고 좋아하는 모습에 뿌듯했어요.

이런 마음을 가질 때쯤 작은 사건이 있었습니다. 5살이었던 큰 애의 미술 수업을 참관하였는데 아이의 도움 요청을 선생님이 알아채지 못하는 것이었습니다. 저는 허둥대는 뒷모습만 봐도 알 수 있는 것을 선생님은 그냥 지나치시는 것을 보니 너무 안타까웠습니다. 그래서 그날로 결심했어요. "엄마표 놀이를 시작하자."

처음 만들어본 건 바로 펭귄이에요. 뭐라고 표현하기 어려울 정도로 어설프고, 우스운 작품이었지만 아이는 좋아해줬어요. 심지어 잘 때도 펭귄 인형을 안고 자는 모습에 용기를 얻었습니다. 전에는 예쁜 외관을 가진 완성된 장난감을 사주는 것을 아이들이 더 좋아할 것이라고 생각했는데, 처음 엄마표 놀이를 아이와 함께 해보고 나서야 진짜 아이가 원하는 것이 무엇인지 알게 된 것이죠.

아이에게 공부의 즐거움을 주는
엄마표 두뇌 발달 놀이

"엄마, 공부가 하고 싶어요, 공부가 너무 재미있어요." 7살이던 재현이가 어느 날 한 말입니다. 말을 듣고 기특하기보다는 깜짝 놀랐어요. 그리고 바로 '엄

Prologue

작가의 말

마표 놀이를 하길 잘했구나.'라는 생각이 들었습니다.

재현이는 5세 때 책을 가까이하는 습관으로 한글을 떼고, 6세 때는 엄마표 놀이 + 책 육아, 7세 때는 엄마표 놀이 + 책 육아 + 학습을 했어요. 그리고 6살 말부터 한자 급수 시험을 준비해 7, 6, 5급을 거쳐 현재 4급수까지 땄습니다. 지금은 3급에 도전 중이에요. 또 초등중국어시험인 YCT 1, 2, 3급, 초등영어시험 JET, 영어능력시험 TOSEL은 3급까지 취득했습니다. TOSEL은 지금 상급인 1급을 목표로 열심히 준비하고 있어요.

이 모든 공부는 아이가 하고 싶어서 자율적으로 하는 것이에요. 저의 어린 시절을 떠올려 생각하면 이렇게 공부를 즐기는 재현이의 행동은 참 놀랍습니다. 특별한 사교육 없이, 한 것이라고는 엄마와 함께 논 것밖에 없으니 새삼 엄마표 놀이의 위대함을 깨달아요.

엄마표 놀이는 아이가 다양한 경험을 할 수 있고 엄마가 아이의 관심사를 살필 수 있어 창의력부터 사고력, 논리력까지 아이의 학습 능력을 찾아내기에 좋습니다. 초등학교도 들어가기 전 엄마의 손에 이끌려서 공부를 하거나 의무적으로 해야 하는 공부는 아이도 엄마도 힘들잖아요. 엄마와 함께 놀이를 통해 아이가 스스로 공부에 호기심을 느낄 수 있도록 자극을 주는 것만으로도 충분하다고 생각해요.

**엄마의 관심만큼
아이의 학습 능력이 커져요**

세상에서 제일 어려운 게 육아인 것 같아요. 세상을 다 뒤져봐도 속 시원한 답은 없으니까요. 하지만 주위에 조금만 관심을 기울여 보세요. 아이의 말, 감정, 표현 하나하나에 관심을 기울이면 거기에 담긴 아이들의 소중한 마음을 알 수 있어요. 우리는 어쩌면 쉽게 찾을 수 있는 보물을 그냥 지나치고 있는지도 몰라요.

재현이가 한자를 시작한 이유도 아이의 작은 행동에서 시작되었어요. 저도 그렇고 아이들도 자동문은 그냥 저절로 열리는 문의 이름이구나라고 생각했어요. 그런데 어느 날 아파트 입구에 한자로 써 있는 '자동문(自動門)'을 보면서, "스스로 자, 움직일 동, 문 문이네. 스스로 움직이는 문이구나."라고 아이 스스로 해석을 하더라고요. 유치원에서 일주일에 한 번씩 배우면서 익혔던 한자를 일상생활 속에서 풀이하면서 이해를 한 것이죠.

그것을 보고 '아하! 아이들이 한자어를 이렇게 풀어 생각하는구나. 재현이가 한자를 좋아하는구나……' 라고 생각하고 바로 그 다음 날부터 한자 교구를 만들어서 아이와 함께 하루에 3~5자씩 외우기 시작했어요. 이때 제가 그냥 지나쳤다면 아이

Prologue 작가의 말

가 아마도 한자 4급까지 따기는 어려웠을 거예요.

아이들은 아직 사회 경험도 풍부하지 못하고 언어나 감정을 표현하는 법이 서툴기 마련이에요. 서툰 그 마음을 엄마가 민감하게 반응하고 한순간에 해석할 수 있어야 한답니다. 저도 어쩌면 지금 이 순간 우리 아이들의 마음을 그냥 지나치고 있을지도 몰라요. 언제나 귀 쫑긋, 똘망똘망하게 눈뜨고 아이의 눈높이에 맞추는 엄마가 되도록 긴장하고 노력한답니다. 저도 더 많은 아이들의 암호를 풀고 해석하기 위해 오늘도 달릴 거예요.

**엄마표 놀이는 이 세상에서
엄마만 할 수 있는 놀이**

엄마표는 특별한 누구가만 할 수 있는 게 아니에요. 저만 해도 전혀 특별하지 않고요. 우리 아이의 엄마이기에 좀 더 힘을 낸다면 엄마표로 우리 아이의 창의력을 마음껏 키우고 발달시킬 수 있답니다. 아이들은 엄마에게 손을 내밀고 있는지도 몰라요. 두 번째 책을 작업하면서는 독자들에게 엄마표 놀이에 대한 확신을 주고 싶었어요. 블로그를 하다 보면 댓글에 "무능력해요. 어떻게 활용해야 하는지 도저히 모르겠어요."라는 내용이 많아요. 한 책에서 "무능력이란 능력이 없다는 말이 아니라 그 일을 지속할 수 없을 때 쓰는 말"이란 글귀를 보고 무척 공감한 적이 있어요.

저도 처음에는 '엄마표 놀이를 아이랑 하고 싶은데, 과연 내가 할 수 있을까?'라고 겁을 냈거든요. 하지만 엄마표 놀이에 발을 담그고 나서 2~3년 차근차근히 하다 보니 지금은 처음 용기를 내어 우리 아이를 위해서 도전했던 그 마음에 너무 감사함을 느낀답니다. 그렇기에 같은 엄마로서 우리 엄마들에게 힘을 드리는 작은 씨앗이 되고 싶어요. 씨앗이 움트면서 엄마표에 힘이 되는 싹이 되고, 우리 아이들의 교육에 대한 곧은 줄기가 되고, 아이들과 추억이 되는 풍성한 잎이 되기를 바랄게요.

그런 마음으로 놀이 하나하나를 담았습니다. 시중에서 흔히 구하는 패키지 미술용품놀이보다는 우유갑으로 자동차도 만들고, 로켓도 만들고, 집도 만들고…… 창의력의 뿌리가 깊어질 수 있도록, 자그마한 우리 아이의 두뇌가 멋진 생각으로 꽉꽉 차 두뇌 발달을 할 수 있도록 다양한 놀이들을 담았어요.

하루종일 아이들과 있다 보면 화가 나기도 하지만 자는 모습을 보면 화냈던 엄마의 마음은 눈 녹듯이 스르륵 녹아내리잖아요. 그렇게 아이를 사랑하는 마음으로 도전해 보세요. 엄마표 놀이로 아이의 성향을 알고 아이의 마음을 읽는 엄마가 되기를 바랍니다. 또 아이들은 결과보다는 과정을 즐기고 탐구하고 엄마와 대화하면서 공감대가 형성될 수 있는 시간을 갖기 바랍니다.

2013년 여름
따랑해 김주연

Recommendation

추천의 글

놀이는 아이 두뇌 발달의 바로미터

"두뇌 발달이 잘 되어간다"는 건 무슨 뜻일까? 혹시라도 "머리 좋은 아이로 자라는 것", "공부 잘하는 아이로 크는 것"이라고 대답하고 싶다면, 이 책을 읽으면서 두뇌 발달에 대한 개념을 다시 생각해 보길 권합니다. 전문가들이 볼 때, "두뇌 발달이 잘 되어간다"라는 건 신체, 인지, 정서, 사회성까지 크게 4가지 영역들이 균형 있게 발달한다는 것을 말합니다. 물론 아이들마다 각자의 재능과 선호도, 성격 등이 그 발달 측면들 안에 포함됩니다.

전문가들은 공부 잘하는 아이만을 두뇌가 잘 발달한 아이라고 보진 않습니다. 왜냐하면 인지적 측면의 우월성만이 두뇌 발달을 설명하는 건 아니기 때문입니다. 축구나 체조, 공부, 미술, 음악 등 어떤 한 가지 영역에 영재성을 지닌 아이들조차도 신체, 인지, 정서, 사회성 등 4가지 영역의 균형 있는 발달이 바탕이 되어 그 아이의 독특한 재능이 더 도드라지는 것입니다.

더 중요한 건 두뇌 발달이 가장 활발한 3~7세에 이 나이다운 방식으로 다양한 놀이를 하면서 위의 4가지 영역을 촉진시킬 수 있느냐입니다. 그러려면 엄마나 양육자가 아동의 자연스러운 놀이 욕구들을 알아채고 적절히 대처해야 합니다. 아이들의 '놀이'는 4가지 발달 측면이 고루 발달하고 있는지를 보여주는 가장 명확한 신호이며, 가장 자연스러운 자기 표현의 방법입니다.

아이들이 놀고 싶어 하는 것은 너무도 당연한 욕구이고, 이를 막는 것은 두뇌 발달에 별로 도움이 되지 않습니다. 아이들이 자발적으로 놀고 싶을 때 놀이를 하게 되면, 아이 내부에 잠재되어 있던 성장 능력들이 촉진되기 시작합니다. 신체적인 면에

서는 다섯 가지 감각의 발달, 몸의 여러 부위를 활발히 사용하는 능력, 힘과 속도를 조절하거나 균형 잡는 능력들이 발달합니다. 인지적으로는 언어를 이해하고, 언어로 자기 욕구, 감정, 또는 자신이 알고 있는 정보를 전달할 수 있게 됩니다.

놀이는 기본적으로 즐거움을 늘려주기 때문에, 놀이 중에 발생할 수 있는 긴장감, 좌절감과 일상적 스트레스를 풀어버리는 효과도 있습니다. 부정적인 감정들보다 긍정적 감정들을 경험하는 비중이 더 많아지면, 아이들의 정서적 성장도 더욱 원활해집니다. 내 마음 속에 어떤 종류의 감정이 생겼는지, 그 감정이 왜 생겼는지를 스스로 알아채고, 그 감정들을 잠시 견디어 보고, 적절한 방법으로 표현해보는 방법들을 터득하기도 합니다. 이렇게 크는 아이들은 이유를 알 수 없는 짜증을 자주 내거나 분노를 폭발하는 모습이 거의 없답니다.

사회성 발달도 촉진되어 내 마음을 어떤 방식으로 전할 때 상대방이 편안해하면서 나에게 관심을 주는지, 다른 사람의 입장과 상황은 어떤지, 나와 다른 사람이 모두 만족할 수 있는 방법은 뭔지 등을 알아가게 됩니다. 즉, 대인관계를 할 수 있는 다양한 기술들을 자연스레 익힐 수 있습니다.

이런 면에서 보자면, 저자는 자녀의 고른 두뇌 발달을 위해 열심히 살아온 엄마라고 할 수 있겠습니다. 저자가 소개한 122개 놀이 모두 중요하지만, 더 중요한 건 자녀의 욕구를 민감하게 알아채고, 그런 욕구를 충족시킬 만한 놀이들을 일상 속에서 찾아낸 엄마의 정성일 것입니다. 말이 나온 김에 몇 가지 칭찬을 하고 싶습니다.

추천의 글

첫째, 저자는 아이들의 균형 있는 발달을 위해 참 열심히 사는 엄마라고 할 수 있겠습니다. 저자는 평소 자녀가 어떤 놀이를 하고 싶어 하는지, 어떤 물건과 현상에 관심을 갖는지, 이런 욕구가 지금 연령에 맞는 현상인지를 세심하게 관찰하여 파악해 내곤 했습니다. 이런 세심한 관찰은 엄마 마음에 자녀에 대한 진심어린 애정이 충만할 때 가능하답니다.

둘째, 저자는 아주 창의적인 엄마입니다. 저자가 소개한 놀이들은 주로 미술적 방법과 재료들을 활용하였습니다. 하지만 더 중요한 건 122개의 미술 놀이들을 떠올리고 만들어가는 과정에서 엄마의 창의성을 충분히 발휘한 것입니다. 두루마리, 종이컵, 나무젓가락, 요리 후의 조개껍데기 등 일상에서 얼마든지 접할 수 있는 물건들을 활용하여 아이들이 흥미로워할 만한 장난감들을 제공해주었다는 겁니다.

가장 일상적인 물건들을 전혀 다른 방식으로 활용해내는 능력! 그것이 바로 '창의성'이지요. 엄마가 창의적이고 유연한 사고를 할 수 있다는 건 아이들에게 중요한 본보기가 됩니다. 다른 창의력 교육을 하지 않아도 이런 부모를 보고 자란 아이들은 충분히 창의적이고 유연한 사고를 하는 아이로 클 수 있겠지요.

셋째, 저자는 꾸준함과 일관성이 돋보이는 엄마입니다. 저자는 이 책을 집필하기 훨씬 오래 전부터 꽤 많은 놀잇감과 놀이들을 찾아내왔습니다. 아무리 좋은 것일지라도 한동안 열심히 하다가 흐지부지해버리거나, 어떤 것이 아이에게 도움이 되는지 잘못 아는 경우도 흔합니다. 그런데 저자는 예전이나 지금이나 늘 꾸준하게 아이들을 관찰하고, 아이들이 원하는 놀잇감들을 마련해주고 있습니다. 이는 엄마의 일관성 있는 태도를 보여주는 증거입니다. 엄마가 일관성이 있을 때, 아이들은 엄마를 더 잘 믿게 되고, 밝고 희망적인 인성을 키워가기가 좋습니다.

이 책의 구성도 균형 잡힌 두뇌 발달에 도움이 되게끔 분류하였습니다. 신체 발달을 돕는 놀이, 사고력 발달을 돕는 놀이, 글자·수·과학을 배우는 데 도움이 되는 놀이, 정서와 감성을 촉진하는 놀이, 사회성 발달을 돕는 놀이 등입니다. 또한 각 측면의 발달에 도움이 될 만한 구체적인 놀이와 진행 순서도 알려줍니다.

이 책을 읽으면서 자녀의 성장은 자연스러운 놀이를 통해 더욱 촉진될 수 있음을 더 많은 엄마들이 공감하길 바랍니다. 또 아이들이 좋아하는 놀이를 통해 엄마와 아이 간의 더 많은 정서적 교감을 할 수 있기를 바랍니다.

마지막으로 이 책의 놀이들과 똑같지는 않더라도 많은 독자들이 자신의 개성을 덧붙이고, 자녀의 욕구를 반영하여 또 다른 새롭고 창의적인 더 많은 놀이들을 할 수 있기를 바랍니다.

저자의 출간을 축하하며
2013년 여름
잠실나루에서 유 재 령

Contents

작가의 말
보통 엄마, 엄마표 놀이를 결심하다   4

추천의 글
놀이는 아이 두뇌 발달의 바로미터   10
따랑해의 엄마표 두뇌 발달 놀이 포인트   20

1장 신체 발달 놀이

01 골판지로 표현하는 입체 그림   32
02 공 날리기   34
03 스티커로 꾸미는 세상   36
04 아이스크림콘으로 만든 피리   38
05 과일 포장지 공 던지기   40
06 내가 만든 롤러 스탬프   42
07 곰 발바닥   44
08 순발력 생쥐 잡기   46
09 전통놀이 투호   48
10 런닝맨 놀이   50
11 신문지 그림   52
12 정글숲을 지나서 가자   54
13 제기차기   56
14 중심 맞추기   58
15 콩이 또르르 굴러가요   60
16 신나는 탈춤   62

17 아슬아슬 휴지 징검다리	64
18 우산 놀이	66
19 나는야 권투선수	68
20 공을 받아라	70
21 신문지 칼싸움	72
22 물풍선 슛 골인	74
23 혀의 감각 알기	76
24 동물 볼링 놀이	78
25 신나게 샷~ 나는 골프 선수	80
26 일회용 접시로 만든 탬버린	82
27 알록달록 빨대 팔찌	84
28 가리비 캐스터네츠	86
29 무지개 종소리	88
30 또르르 구슬 게임	90
31 구슬이 그린 그림	92
32 얼음 스케이트 그림	94

2장 사고 발달 놀이

33 나비 가면 만들기	98
34 초간단 스탬프 만들기	100
35 태극기 꾸미기	102
36 달걀껍질 액자 만들기	104
37 스탬프 상상력 놀이	106

Contents

38	뻥튀기 놀이	108
39	두루마리 휴지 입체 그림	110
40	모래 케이크 놀이	112
41	옷 염색하기	114
42	텔레비전 속 물감 놀이	116
43	내가 만들어 꾸미는 스티커 놀이	118
44	12간지 띠 알기	120
45	먹지 그림	122
46	올록볼록 투명 입체 그림	124
47	음악을 그림으로	126
48	지역 특산물 알기	128
49	우드락 판화	130
50	은박지로 꾸미는 그림	132
51	나만의 신문지옷	134
52	자동차 그림	136
53	엉금엉금 거북이	138
54	무엇이 숨어 있을까요?	140
55	커피 뚜껑으로 만든 물안경	142
56	나만의 부채 만들기	144
57	종이가방 가면	146
58	이야기가 있는 텔레비전	148
59	오늘은 내가 요리사	150

3장 글·수·과학 놀이

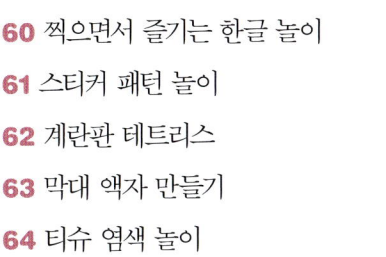

60 찍으면서 즐기는 한글 놀이	154
61 스티커 패턴 놀이	156
62 계란판 테트리스	158
63 막대 액자 만들기	160
64 티슈 염색 놀이	162
65 수묵화	164
66 알록달록 휴지꽃	166
67 재미있는 한글 놀이	168
68 컵라면 용기로 만든 열기구	170
69 딩동, 엘리베이터가 도착했습니다	172
70 필름지 물감 놀이	174
71 솜사탕 같은 한지 그림	176
72 비행기에 꿈을 담고	178
73 계란판 액자	180
74 공 넣기 놀이	182
75 내가 만든 시계	184
76 엄마표 칠교	186
77 펼쳐봐 입체카드	188
78 그림자 도형	190
79 마술 놀이	192
80 철가루 마술	194
81 통, 통 높이 튀어 올라라	196
82 내가 꾸민 우주 여행	198

Contents

4장 정서 발달 놀이

83 거품으로 상상력 놀이	202	
84 깨끗한 나의 몸	204	
85 밀가루 밀끄럼	206	
86 개미 친구들	208	
87 소고 만들기	210	
88 선인장 화분 만들기	212	
89 조개 액자	214	
90 키조개 그림	216	
91 해파리를 조심하세요	218	
92 바다를 내 손에	220	
93 필름 판화	222	
94 손가락 그림	224	
95 활짝 핀 꽃	226	
96 점을 콕콕 찍어 그림을 그리자	228	
97 나는 타험가	230	
98 내가 꾸미는 나무	232	
99 아하하~ 인디언 모자	234	
100 나뭇잎 그림으로 자유 시간	236	
101 날씨 표현하기	238	
102 봄 여름 가을 겨울	240	
103 알록달록 나무	242	

104 알록달록 종이컵 꽃만들기   244

105 우유갑으로 만든 동물 인형   246

106 일회용 접시 물고기   248

107 스타킹으로 만든 잠자리   250

108 알록달록 비닐 풍선   252

109 뽀글뽀글 거품 놀이   254

110 샌드위치 그림   256

5장 사회성 발달 놀이

111 엄마아빠 사랑해요   260

112 추억의 가족신문 만들기   262

113 내가 사는 동네는   264

114 몸 여행 놀이   266

115 그물 액자   268

116 나만의 세탁기 만들기   270

117 여보세요? 나만의 전화기   272

118 사랑하는 엄마, 아빠   274

119 알록달록 솔방울 미니 트리   276

120 사탕 부케 만들기   278

121 보물찾기 놀이   280

122 나만의 거울 만들기   282

Mom's Advice

따랑해의 엄마표 두뇌 발달 놀이 point

따랑해 김주연이 느끼고 배웠던 엄마표 놀이는 강요가 아닌 하고 싶은 마음이 생겨 스스로 할 때 좋은 습관이 저절로 생기게 됩니다. 그러니 아이 스스로 하고자 하는 의욕이 생길 수 있도록 환경을 조성해 주어야 합니다. 그리고 활동에 참여하지 않은 아이에게는 스스로 활동을 선택할 수 있도록 아이의 뜻을 존중해 주는 것도 필요합니다. 또 놀이를 하는 중이거나 하고 난 후에는 대화를 시도해 주세요. '왜?'라는 질문 대신에 '어떻게'라는 질문으로 바꾸어 주세요. 계속해서 질문 공세를 하는 등의 일방적인 질문은 의사소통에 도움이 되지 않는다는 것을 기억하세요. 아이들의 놀이는 집중력도 키워 주고 문제 상황을 탐색하고 극복해 나가는 과정에서 자신감과 손과 눈의 협응력 발달과 창의성이 나타난답니다.

놀이는 최대한 편안한 시간에 해주세요

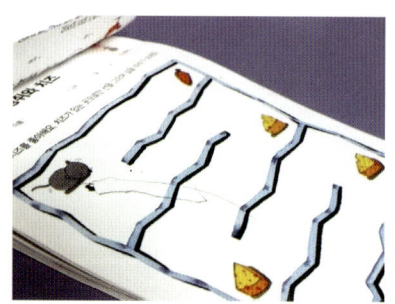

아이들이 개인적으로 학습할 것이 있다면 모두 한 다음에 여유롭게 놀아 주세요. 저는 아이들이 잠자기 전 마음껏 놀게 한 후 씻겨 재웁니다. 놀이 시간은 따로 정해져 있지 않아요. 하루 중 가장 편안한 시간에, 엄마와 아이 모두 부담 없이 보낼 수 있을 때 놀아 주세요.

시중에 파는 학습지를 엄마표 교구로 바꿔 주세요

아이들 학습지는 연령이 어릴수록 시각적인 효과가 강하기 때문에 색감이 진하고 알록달록합니다. 한두 장 풀면 아까울 때가 너무 많아요. 아이들이 줄긋기도 더 할 수 있는데 삐뚤빼뚤 한두 번 선 긋고 그냥 넘어가고, 퍼즐도 다양하게 쓰고 싶은데, 잘 안되고······.

이럴 땐 학습지 중에 좀 더 연습이 필요한 것 한두 장만 찢어 주세요. 그리고 코팅해서 벨크로 테이프도 붙여서 활용하면 정말 좋아요. 코팅을 해서 펜으로 썼다 지워도 되니 반복 학습도 할 수 있답니다. 퍼즐은 벨크로 테

이프로 붙여서 관리를 하면 잃어버리지 않고 아이들이 계속 놀 수 있어요. 그림 그리는 부분도 코팅을 해서 보드에 붙여 놓으면 아이들은 그렸다가 다시 지우기도 하면서 여러 번 그리며 놀 수 있어요.

🌥 놀이를 할 때 의도한 중심을 잃지 말아 주세요

놀이를 하다 보면 모든 놀이가 미술 놀이로 바뀌어 버리는 경우가 있어요. 제가 생각하는 엄마표 놀이는 '엄마와의 교감'이 중점입니다. 무슨 놀이를 하든 엄마와 아이가 함께 만들고 아이디어를 내고 대화하는 것이 중요합니다. 놀이에 따라 아이와 콘셉트를 정해서 시작한다면 중심을 잡기 좋습니다. 예를 들어 미술이 콘셉트라면 보다 예쁘게 꾸며 주고, 자연이라면 자연 관찰 후, 충분한 대화를 하고 대화 내용에 맞는 놀이를 하면 됩니다.

창의력이 콘셉트라면 놀이 전 아이의 생각을 최대한 많이 들어보고 만들고 나서는 만든 것에 대한 이야기를 듣는 것이 가장 중요한 포인트입니다.

8살인 첫째는 도형 부분이 한참 약했던 적이 있어요. 엄마표 놀이 중심을 도형을 익히는 쪽에 두고 공간지각을 키울 수 있는 놀이를 많이 해줬어요. 그랬더니 도형 부분이 많이 보완되었더군요. 5살 둘째는 한글을 배우는 시기라서 어휘를 늘려주기 위해서 말을 많이 할 수 있고 표현하고 한글 노출을 많이 해줄 수 있는 연계 놀이를 해주었어요. 아이와 엄마표 놀이를 진행할 때는 미술 놀이가 아닌 아이의 부족한 부분도 채워 주고 자신감을 잃지 않도록 하는 것이라는 것을 잊지 마세요.

🌸 하나의 재료로 다양하게 변신을 하면서 창의력을 키워 주세요

만들 수 있는 것은 끝이 없습니다. 교구를 사서 활용서를 보고 만들어 봤다고 교구 만들기가 끝나는 건 아닙니다. 활용서 없이 스스로 만들어도 보고, 만든 것에 대해 이야기하면서 상상력, 창의력이 커지죠. 이렇듯 놀이 재료는 얼마든지 변신이 가능하답니다. 집에서 흔히 구하는 재활용품 재료도 다양한 아이들의 장난감이 된답니다.

🌸 놀이를 독서 습관과 연결해 주세요

보통 놀이를 하는 방법은 엄마들이 갖고 있는 교육관에 따라 달라져요. 가장 많

이 시도하는 방법이 책을 읽고 놀이를 하는 경우일 거예요. 저도 처음에는 다른 분들처럼 무조건 책을 먼저 읽도록 하다가 독서 습관을 좀 더 들여야겠다는 생각에 다양하게 접근해 봤어요. 제가 써 왔던 독서 습관 들이는 방법을 얘기해 볼게요.

하나, 책 전집을 사면 거실 한쪽에 아이들이 볼 수 있도록 그대로 풀어 놓아요.

아이들이 무슨 내용인 줄도 모르고 책장에서 무작정 책을 뽑아오는 것보다 책을 샀을 때 호기심에 한두 장 넘겨보던 책들을 활용하면 그 책들을 더 좋아하게 되더라고요. 사실 꽂혀 있는 책보다는 바닥에 흩어져 있는 책들이 눈에 더 들어오기 때문이죠. 그렇게 책에 2~3주 적응되면 책장에 꽂아 놓아도 아이들이 척척 내용을 생각하면서 뽑게 된답니다.

둘, 놀이의 주제를 정하고 아이에게 주제에 맞는 책을 모두 보도록 해주세요.

책을 읽어 줄 때마다 활용 놀이를 모두 해줄 순 없어요. 그래서 저는 먼저 어떤 것을 만들면 좋을지 아이의 생각을 물어봐요. 그럼 아이가 어제 책에서 봤던 자동차나 엄마랑 걸어가면서 보았던 비행기 등 만들고 싶은 것을 말해요. 이런 대화를 통해 아이들의 관심사와 생각을 알 수 있어요.

아이가 자동차를 만들고 싶다고 했다면, 유치원이나 어린이집에 간 동안 재료를 준비하고 아이와 편안한 시간에 만들기를 합니다. 여기서도 아이와의 대화는 잊지 마세요. 만들기를 완성한 후 "자동차에 관한 책들이 많은데 뭐가 있을까?"라고 물으면, 아이는 자동차 책을 한 권이 아니라 5, 6권씩 꺼내 온답니다. 자동차 책이라고 해서 자동차에 대한 설명이나 종류가 있는 책이 아닌, 동화 등 이야기 속에 자동차가 잠깐 등장했던 책도 뽑아 오기 때문이죠. 이렇게 책 한 권에 놀이 한 개가 아닌, 놀이 하나에 여러 권의 책을 이어주는 방식을 바꾸었더니 아이들이 책과 점점 친해지더라고요.

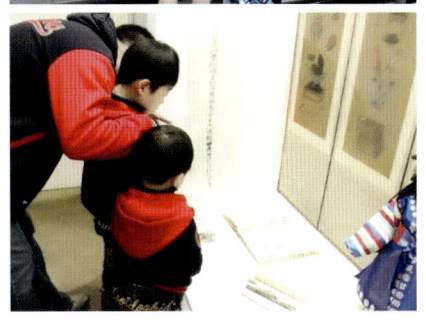

셋, 외출할 땐 책을 함께 가져 가주세요. 아이들이 어릴 때는 밖에 나갈 때도 무조건 장난감을 한손에 들고 나가죠. 그럴 때 이 장난감을 책으로 바꿔 보세요. 책을 장난감처럼 늘 갖고 다닐 수 있도록 해주세요. 이렇게 한다고 언제나 책을 읽고 있는 것은 아니지만, 엄마와 이동 시간이 길어지거나 혼자 있어야 할 때 책을 보더군요. 이렇게 하면 이동하면서 아이들이 책을 잃어버리는 경우가 종종 있지만, 책 습관을 들인다 생각하고 편안하게 마음 먹었답니다.

넷, 호기심을 끌 수 있는 책으로 유도해 주세요. 장난감을 좋아하

던 아이가 책을 바로 좋아할 순 없죠. 요즘 시중에는 입체북, 사운드북 등 참 다양한 방식의 책들이 많습니다. 처음부터 책을 많이 읽기를 바라는 것보다 차근차근 장난감에서 책으로 옮겨갈 수 있도록, 아이가 흥미를 느낄 수 있도록 해주면 좋아요.

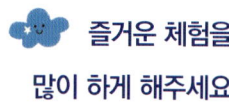 **즐거운 체험을 많이 하게 해주세요**

책을 통한 교육도 좋지만 제일 좋은 방법은 눈으로 보는 거랍니다. 눈으로 보면서 아이들이 스스로 알아가는 단계가 더 많은 학습으로 연결된답니다. 저는 주말엔 되도록 체험의 시간을 가지려고 노력해요. 2~3세에는 아이들과 놀이동산 나들이, 바다 여행 등 신체활동 놀이 위주의 나들이를 선택했어요. 4~5세부터는 동물원에 가서 동물을 직접 보고 특징을 직접 눈으로 보면서 책에서 보았던 동물과 비교해 보기도 하고 동물의 움직임을 눈으로 확인하는 시간을 가졌어요. 살아 움직이는 실체를 보면서 아이만의 생각을 갖게 되겠죠.

축제 체험도 정말 좋아요. 고령-딸기, 성주-참외, 청도-감, 문경-사과따기 체험 등 여러 가지 행사를 체험해 보면서 지역 특산물에 대해서도 알 수 있고, 과일을 직접 따보면서 농산물의 소중함, 노동의 소중함을 느끼고 더 좋아하게 됩니다. 관심을 조금 더 기울이면 이렇게 아이들과 함께 다양한 추억을 만들 수 있답니다.

7, 8세 이후에는 한국사 여행을 다녀도 좋아요. 우리 역사를 알 수 있는 흔적을 찾아보고 책을 통해 연계해서 갔다 온 곳을 차근히 공부하다 보면 딱딱한 역사가 아닌 재미와 흥미가 있는 한국사로 기억할 거예요. 위인전을 읽으면서 알게 된 인물들이 한국사와 자연스럽게 연결되어 자연스럽게 학습이 됩니다. 체험 후 관련 내용을 가진 책과 연계해 주면 아이들이 책을 읽을 때 어떠했는지, 여행 때 어떠했는지 등 자신의 생각을 더 많이 표현하게 된답니다. 체험 후 얻는 기념품도 더욱 실감나는 책 여행에 도움이 되겠죠.

아이가 자유롭게 학습할 수 있는 환경을 만들어 주세요

거실을 서재로

우리집 거실은 TV보다는 아이들과 책을 보면서 놀고 즐기고 푹 빠지는 공간이랍니다. 거실에서 하루 24시간 중 거의 반을 보내는 공간이므로 책으로 꾸며 주었답니다. 거실을 서재로 만들어 버리고 TV를 없애고 싶었는데 그럼 남편의 공간이 없어지는 것이라 난감했답니다. 또 EBS 등 교육 프로그램이나, 영어 DVD 등을 보여줘야 할 때는 필요하기 때문에 한쪽 벽면에 기존의 TV

높이보다 높은 곳에 TV를 놓았어요. 남편이 누워서 TV를 많이 보는데, 그러다 보면 아이들도 같은 습관이 생길까봐 TV의 위치를 조정한 거죠. 아이 공간에 TV가 있어서인지 남편도 자연스럽게 TV와 멀어지게 되더라고요.

숙면을 취할 수 있는 아이들의 방

아이들의 방은 잠자는 공간이자 교구 공간이랍니다. 거실에서 아이들이 공부를 하고 나서 잠자기 전에 5~10분 정도 아이들만의 자유시간을 보내는 곳이죠. 자유롭게 교구를 이용한 후 잠자리에 들 수 있도록 만들었어요.

자연학습장 베란다

베란다에 빨래건조대를 치우고 자연과 함께 할 수 있는 생태학습장을 만들어 주세요. 동식물이 함께하는 환경 속에서 물체의 성질에 흥미를 가지고 자연의 변화를 보고 만지고, 듣고, 느끼는 과정을 통해서 아이들의 정서 발달은 물론 인지 발달에 긍정적인 영향을 주게 된답니다.

우리 집은 아이들과 함께 키우는 대파, 고추, 상추, 딸기, 해바라기, 콩, 다육식물, 수중식물, 소라게, 개미, 장수풍뎅이, 바다새우, 버섯, 도둑게 등이 있답니다.

🌸 놀이를 할 때 두려움을 버리세요

아이가 구강기라 무엇이든 자꾸만 입으로 가져 간다면 찰흙 대신 먹어도 좋은 재료인 밀가루나 전분 반죽 등을 사용하세요. 옷에 물감이 묻는 것이 걱정된다면 물감용 옷을 따로 만들어 그것을 덧입혀 주시면 됩니다. 물감놀이, 신체활동이 치우기가 겁나면 욕실에서 씻기 전 5분 정도 놀아주시면 된답니다. 놀이를 하며 가장 큰 장애

물은 엄마의 두려움입니다. 그것만 넘어선다면 아이는 정말 즐거운 엄마표 놀이를 즐길 수 있을 거예요.

🌸 아이들의 모든 것을 기록해 주세요

선 하나만 그어도 거기엔 아이들의 생각이 담겨 있어요. 스케치북에 그림을 그리거나 만들기를 한 후, 아이들의 놀이에 대한 주제와 함께 날짜를 적어서 보관만 해두어도 아이들의 발달 과정을 엄마가 한눈에 볼 수 있답니다.

1장

신체 발달 놀이

선생님의 Advice

언뜻 보면 '미술 놀이네!'라고 간단히 생각하고 지나칠 수도 있지만, 잠시 생각해보자고요. 저자가 만들어낸 놀잇감들을 갖고 아이들이 무엇을 하게 되는지, 그리고 그 놀이를 하는 가운데 아이들 마음과 두뇌 속에서 어떤 경험을 하게 되는지를요. 시각, 청각, 촉각, 후각, 미각 등 5가지 신체감각은 아이들이 앞으로 살아가는 데 있어서 매우 중요합니다. 몸의 감각기관을 통해 경험한 신체적 느낌들 physical sense 중 좋은 느낌도 있고, 다소 생소하거나 아주 불편한 느낌도 있을 수 있어요. 그런데 중요한 건 아이들이 부정적 신체감보다는 긍정적 신체감을 더 많이 느끼고 살아야 한다는 것입니다. 이를 위해 어려서부터 오감각을 활용한 자연스러운 놀이나 일상생활 경험을 다양하게 해보는 것이 좋습니다. 단지 어른의 편리함을 위해 아이들의 이런 욕구를 무시해서는 안 되겠지요.

신체적 측면에서는 오감각의 발달과 더불어 운동 능력의 발달도 중요해요. 예를 들어, 걷고 뛰는 동작 자체도 중요하지만, 몸의 왼쪽과 오른쪽의 균형을 잡는 능력, 속도와 힘을 더 내거나 줄이는 능력, 팔을 실컷 휘둘러보거나 발을 최대한 올려보는 동작 등은 모두 대근육 운동과 관련됩니다. 또한, 크고 작은 물건들을 잡거나 던져 보는 것, 쥐거나 미세한 선을 긋거나 그리기, 다양한 종이를 오리기 등은 소근육 운동과 관련 있습니다.

소근육 운동은 시지각 능력과 짝을 이뤄야 합니다. 물체의 생김새를 정확히 관찰한 후, 그림으로 그려 볼 수 있거나, 구멍을 들여다보면서 굵은 실을 끼울 수 있거나 다트의 표적을 눈으로 인지한 후, 그 표적에 맞게 다트 핀을 쏴서 맞히는 등이 그 예입니다.

결국 키와 체중이 나이에 맞게 크는 신체 발육 상태와 더불어 오감각 체계를 통해 세상의 자극들을 불편함 없이 받아들이고, 자신의 운동 능력을 활용해 뭔가를 할 수 있을 때, 바로 이런 경우에 "신체 발달이 잘 되고 있다."라고 말할 수 있습니다.

신체 발달 놀이 NO.01
골판지로 표현하는 입체 그림

준비물: 골판지, 스케치북, 크레파스(색연필), 글루건, 목공용 풀

놀이 나이: 만 3~5세

투박한 상자 포장으로만 생각되던 골판지가 요즘은 색깔별로 다양하고 예쁘게 잘 구비되어 있어요. 길쭉한 골판지를 돌돌돌 손으로 말아 보고, 다양한 모양으로 붙여도 보면서 입체감이 느껴지게 꾸며 보세요. 스케치북에 색칠만 하던 평면적인 그림에서 벗어나 올록볼록한 골판지로 꾸미다 보면 아이들의 상상력은 더 깊어진답니다.

Let's make it!

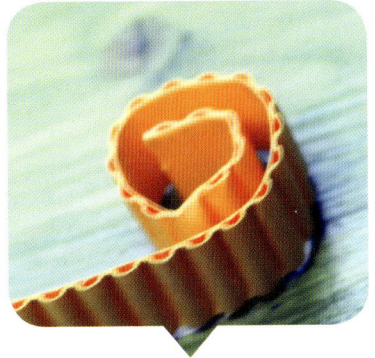

01 골판지를 돌돌 말아 주세요.
▶ 골판지 끝은 엄마가 글루건을 이용해 붙여 주세요.

02 다양한 색깔, 다양한 크기의 골판지가 완성되었어요.

03 어떻게 꾸며 나갈지 이야기를 나누면서 스케치북 위에 구도를 잡아 보세요.

04 구도를 잡았으면 풀로 붙여 가면서 자유롭게 꾸며 주세요. 그리고 크레파스(색연필)로 그림을 이어서 그려 주세요.

05 7살 재현이가 만든 작품

06 4살 재훈이가 만든 작품

tip

❶ 골판지를 돌돌돌 말은 가운데에 손가락을 밀어 넣으면 좀 더 입체감 있게 느껴진답니다.
❷ 색종이도 같이 활용하면 좀 더 활기찬 그림이 탄생한답니다.(만 4~6세 활용 가능)

신체 발달 놀이 NO.02

공 날리기

준비물 종이컵, 굵은 빨대, 솜 글루건, 가위

놀이 나이 만 3~7세

후~ 휙! 어?
공이 어디로 가는 거지?

풍선을 불거나 빨대를 사용하게 되면 입술 근육이 발달합니다. 더불어 폐활량도 커지죠. 커다랗게 부푸는 풍선을 보면 즐거워 하지만 막상 아이들 혼자 힘으로 풍선을 불 때는 잘 불어지지 않아 짜증내고 포기하는 경우가 많습니다. 그래서 아이들이 조금만 불어도 자신감이 생기는 놀이를 하나 준비했어요. 바로 공 날리기입니다. 살살 불어도 힘껏 불어도 나름 움직임이 있는 공 날리기 놀이! 다 함께 불어 볼까요?

Let's make it!

01 굵은 빨대를 준비해 주세요.

02 종이컵 밑쪽에 구멍을 뚫어 주세요.

03 종이컵을 반으로 잘라 주세요.

04 빨대 끝을 잘라 반으로 갈라 주세요.

05 잘려진 빨대의 끝부분을 종이컵에 꽂아 글루건으로 고정해 주세요.

06 방울솜을 올려서 후후~~ 불어 보세요. 방울솜이 바람 세기에 따라서 날아간답니다.

 **tip**

❶ 가벼운 솜으로 하기 때문에 아이들이 힘껏 불면 컵 밖으로 날아가 버려요. 그러면 그것도 놀이의 하나로 날아가 버린 솜 찾기, 누가 먼저 주워 오나 놀이 등으로 즐기면 좋아요.

❷ 0~2세 아이들은 아직 입으로 부는 힘이 없으니 컵을 들고 위로 톡톡 쳐 보는 것도 좋아요. 혹은 엄마가 불어 주고 아이들이 떨어지는 솜을 잡는 놀이로 대신하면 좋아요.

신체 발달 놀이 NO.03

스티커로 꾸미는 세상

준비물 스티커, 색지, 가위, 풀, 장식 재료

놀이 나이 만 2~5세

> 벚꽃나무에 나비가 찾아온 거예요.

> 나도 나비가 왔어요.

아이들은 스티커를 정말 좋아합니다. 스티커만 보면 사달라 하고, 사주면 5분도 안 되어서 다 붙이고 또 사달라 하고…… 그냥 아무 곳에나 마구 붙이는 스티커를 좀 더 의미있게 붙일 수 있도록 놀이와 함께 응용해 보았어요.
한번 생각의 너비를 넓혀 주고 나면 이후 스티커를 사주더라도 스스로 의미를 부여하면서 놀게 되더라고요. 어린아이들도 꾸미면서 놀 수 있는 스티커 놀이, 시작해 볼까요?

Let's make it!

01 꾸밀 수 있는 다양한 스티커를 준비해 주세요.

02 스티커와 같이 이미지가 들어 있어서 잘라서 활용하기 좋아요.

03 원하는 이미지를 잘라 색지 위에 붙여 주세요.

04 스티커로 붙여 가면서 그림을 그리듯이 꾸며 주세요.

05 부직포 등 집에 있는 다양한 장식 재료를 함께 활용해요.

06 스티커와 다양한 재료로 장식한 멋진 그림이 탄생했어요.

 **tip**

❶ 0~2세 아이들은 아직 손의 움직임이 정교하지 못해 스티커를 떼기 어려울 수 있어요. 엄마가 스티커를 잡아주면 훨씬 수월해요. 이때 엄마가 전체를 다 뜯어서 주는 것보다 아이들이 직접 잡고 뜯을 수 있도록 끝만 살짝 벌려 주면 더욱 좋아요.

신체 발달 놀이 NO.04

아이스크림콘으로 만든 피리

준비물 아이스크림콘 종이 피리, 유리테이프, 스티커

놀이 나이 만 **2~5**세

> 삑삑삑! 삑, 삑!
> 대한~ 민국!

> 포비처럼 멋지게 피리를 연주해 봐요.

아이스크림콘을 먹고 난 후 아이스크림 포장지를 가지고 피리를 만들어 봤어요. 만드는 과정이 정말 쉬운 초간단 놀이입니다. 시중에 파는 비싼 피리보다 근사한 피리를 만들 수 있어요. 내가 만든 피리니까 후후~ 맘껏 불어 보게 하세요. 좀 시끄럽지만 아이들이 좋아하니 집 안에 웃음꽃이 핀답니다.

Let's make it!

01 아이스크림콘 포장지를 고깔 모양인 밑부분만 남겨 두고 잘라 주세요.

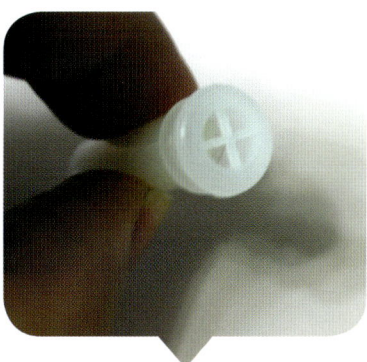

02 피리는 종류별로 문구점에 팔아요. 피리를 준비해 주세요.

03 아이스크림콘 마지막 부분을 피리 크기에 맞게 잘라 주세요.

04 색테이프로 아이스크림콘 부분을 감싸서 포장해 주세요.

05 피리 부분은 스티커를 이용해 꾸며도 좋아요.

06 다 꾸민 후에 피리를 ④에 꽂아 주세요.

07 아이들이 꾸민 피리, 예쁘죠? '후' 불면 소리가 우렁차답니다.

 **tip**

❶ 0~2세 아이들은 캐릭터를 좋아하니까 캐릭터 색종이를 이용해서 꾸며 주면 캐릭터 피리가 됩니다. 응원 도구로도 손색이 없어요.

1장 신체 발달 놀이

신체 발달 놀이 NO.05

과일 포장지 공 던지기

준비물
과일 포장지
하드보드지 두 장
탁구공, 가위, 칼

놀이 나이
만 **3~6**세

아이들이 좋아하는 공 놀이, 좀 더 재미있게 즐길 수 없을까요?
거실에 통 하나를 놓고서 공을 넣는 것도 좋고 목표물을 세워 맞춰 보는 것도 좋겠죠.
선물 받은 과일 포장지가 있기에 공 던져 넣기를 했어요. 그냥 던져도 재미있지만
과일 포장지에 다양하게 구멍을 뚫어서 아이들이 구멍에 공을 쏙 넣을 수 있도록
해주었답니다. 누가 더 높은 곳에 맞추는지 내기를 해도 좋아요.

Let's make it!

01 칼이나 가위로 과일포장지 중간중간 구멍을 내 주세요.

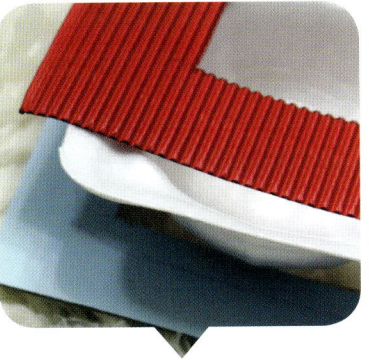
02 하드보드지나 골판지 등 두꺼운 종이로 앞뒤를 붙여 주세요.

03 하드보드지를 잘라 삼각대로 만들어 주세요.

04 삼각대를 하드보드지 밑부분에 붙여 주세요.

05 공 넣기 놀이판 완성!

06 탁구공을 던져서 넣어 보며 놀이를 즐겨요.

tip

Q 공 넣기 놀이를 할 때 위쪽은 5점, 중간은 4점 등 구멍마다 점수를 달리해서 온가족이 함께 즐길 수 있어요. 높은 점수에 도전하다 보면 집중력도 키울 수 있답니다.

신체 발달 놀이 NO.06
내가 만든 롤러 스탬프

준비물
다 쓴 롤 벨크로 테이프
EVA나 스펀지, 글루건
가위, 전지, 물감

놀이 나이
만 **3~5**세

> 드르륵 굴리면 색이 서로 섞이며 멋진 그림이 만들어져요.

> 난 내 손에다 굴려봐야지.

시중에 파는 롤 스탬프는 자꾸 밀리고 내 마음대로 안 될 때가 있어요. 그래서 집에서 쓰는 롤 벨크로 테이프를 이용해 롤 스탬프를 만들어 봤어요. 아이들과 원하는 모양을 꾸며서 붙이고 놀다 보니 '내가 만든 모양은 제대로 찍힐까?' '어떤 모양일까?' 궁금증을 갖게 되고 물감 놀이까지 즐길 수 있답니다.

Let's make it!

01 다 쓴 롤 벨크로 테이프를 준비해 주세요.

02 EVA(발포수지 플라스틱 소재)를 준비해 주세요. EVA 대신 스펀지나 두꺼운 종이를 준비해도 된답니다.

03 EVA 위에 원하는 디자인을 그려 주세요.

04 가위로 스케치한 이미지를 오려 주세요.

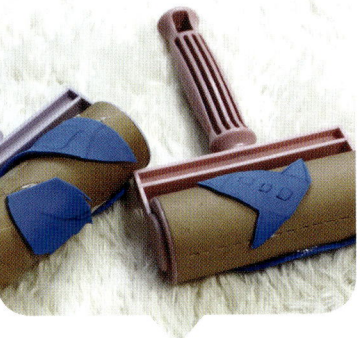

05 롤 벨크로 테이프에 오린 이미지를 붙여 주세요.

06 이미지를 붙인 롤러를 굴려 물감을 묻혀 주세요.

07 전지 위에 롤러를 마음껏 굴려 보아요.

 **tip**

❶ 막상 찍어 보면 스탬프 모양이 아이들이 꾸민 이미지대로 예쁘게 나오지는 않아요. 그래도 아이들은 직접 만든 스탬프로 노는 것 자체를 좋아한답니다.

신체 발달 놀이 NO.07
곰 발바닥

준비물
삑삑이, 색이 다른 펠트지, 글루건, 가위

놀이 나이
만 **3~5**세

> 지렁이는 밟으면 꿈틀하지만, 난 밟으면 삑삑 소리낸다.

아이들의 놀이 도구는 참 다양한 것 같아요. 이번에는 청각 자극 놀이를 해 볼까요?
아이가 태어날 때부터 소리 나는 장난감을 참 많이 사게 되지요.
어릴 때의 추억을 아이들이 느껴 보도록 소리 나는 장난감을 만들어 보면 어떨까요?
발로 눌러 보고, 손으로도 눌러 보며 "삐익 삐익~" 소리를 들어 보세요.

Let's make it!

01 삑삑이를 준비해 주세요.

02 펠트지 위에 원하는 모양을 그림으로 그려 주세요.

03 가위를 이용해 펠트지를 그림대로 잘라 주세요.

04 발바닥 모양을 만들어 봤어요.

05 가운데에 삑삑이를 넣고서 글루건으로 펠트지 가장자리를 붙여 주세요.

06 삑삑이를 손으로 눌러 보세요. 삑~ 소리를 들을 수 있어요.

07 발로도 쿵쿵 힘을 주어서 밟아 보세요.

tip

❶ 발바닥을 꾸밀 때도 발바닥의 기본 모양은 있지만 아이들마다 자기만의 스타일로 꾸밀 수도 있어요. 아이들이 하고 싶은 대로 꾸밀 수 있도록 해주세요.

❷ 발바닥에 숫자와 한글 단어를 적고 퀴즈를 내어 아이가 찾아 밟기 등을 하면 학습 효과로 이어질 수 있어요.

신체 발달 놀이 NO.08

순발력 생쥐 잡기

준비물
종이컵, 끈, 벨크로 테이프
색종이, 눈알장식, 풀
뿅망치

놀이 나이
만 **3~6**세

두드릴 때마다 "뿅뿅~" 소리가 나는 뿅망치, 아이들이 무척 좋아하는 장난감이죠. 요즘은 다양한 캐릭터가 그려진 뿅망치가 아이들을 유혹하지요. 어느 날 갑자기 둘째가 뿅망치에 관심을 보였어요. 단순히 뿅망치를 두드리며 노는 것보다 생쥐 잡기 놀이를 해 보면 좋을 것 같아서 만들어 보았어요. 단순한 종이컵이 재미도 있고 순발력도 키워 주는 일석이조 장난감으로 변신했답니다.

Let's make it!

01 종이컵에 구멍을 뚫어서 끈으로 연결해 주세요. 이때 앞쪽은 길게, 뒤쪽은 짧게 달아 주세요.

02 뒤쪽 작게 달린 끈에 벨크로 테이프를 붙여 주세요.

03 색종이와 눈알장식을 이용해서 종이컵을 꾸며 주세요.

04 뿅망치 한쪽에도 벨크로 테이프를 붙여 주세요.

05 벨크로 테이프를 붙이지 않은 긴 끈을 잡아 보세요. 생쥐가 이동하는 것처럼 느껴진답니다.

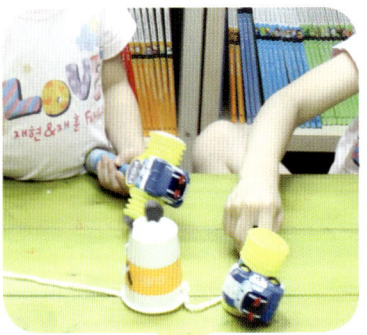

06 긴 끈을 잡고 생쥐를 이동하면서 짧은 꼬리 쪽을 뿅망치로 잡는 놀이를 하면 됩니다.

tip

❶ 귀를 만들 때 반달 모양으로 색종이를 자르고 중간을 살짝 잘라 준 후 감싸 주면 귀 부분을 만들 수 있어요.
❷ 걷기 시작하는 아이라면 생쥐를 발로 잡아 보게 해보세요. 기어다니는 아이에게는 손으로 잡기를 하면 아이의 활동 능력도 키울 수 있어요.

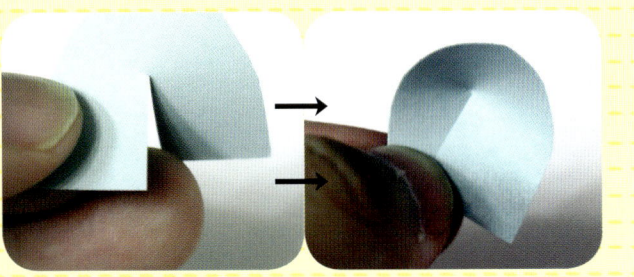

신체 발달 놀이 NO.09

전통놀이 투호

준비물
포장지(주름지), 신문지 테이프, 달걀 모양 스티로폼 볼, 글루건, 리본끈, 빈 통

놀이 나이
만 2~5세

아이들은 우리나라 고유의 전통 놀이를 아직 잘 모르죠. 책에서만 접하던 투호 놀이를 해볼까요? 직접 만들고 놀다 보면 우리 전통 놀이가 더욱 재미있다는 것을 느끼게 돼요. 거리 조절을 하면서 통에 투호를 넣어 보면 아이들의 신체조절력도 키울 수 있답니다.

Let's make it!

01 신문지를 돌돌 말아 주세요.

02 포장지로 신문지를 돌돌 말아 감싸 주세요.

03 달걀 모양 스티로폼 볼을 막대 끝에 붙여 주세요.

04 리본으로 포장지 뒷부분을 살짝 묶어서 고정해 주세요.

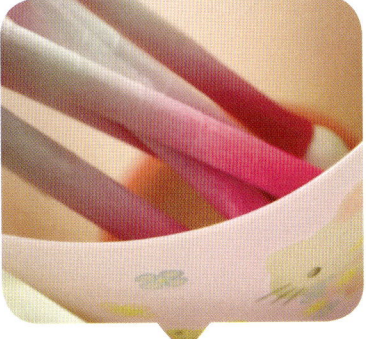

05 빈통 하나를 준비해서 아이들과 놀아 주면 됩니다.

06 거리를 조절해 가면서 놀아 주세요.

 **tip**

❶ 신문지를 돌돌 말아서 투호를 만들 때 아이들이 신문지를 말아 놓은 구멍 사이로 "아~" 하고 소리를 지르며 스피커처럼 활용했어요. 투호를 만들기 전에 다양하게 활용하면 좋겠죠.

❷ 아빠와 같이 신문지 칼싸움 놀이로 활용해도 좋아요.

신체 발달 놀이 NO.10

런닝맨 놀이

준비물
색이 다른 펠트지
벨크로 테이프
가위, 티셔츠

놀이 나이
만 **5~7**세

> 혜, 엄마는 우리가 안 보이겠지?

> 됐니 조용히 해, 들켜

정재훈

정재현

TV프로그램 인기 때문일까요? 요즘 초등학생들은 물론 유치원 아이들 사이에서도 일명 '런닝맨' 놀이가 매우 인기 있어요. 쫓고 쫓기는 런닝맨 놀이는 아이들의 신체 활동으로 매우 좋아요. 서로 이름표를 떼려고 뛰어다니는 동안 승부욕과 적극성도 기를 수 있죠. 가끔은 져서 울기도 하지만 결과에 승복할 줄 아는 자세를 배울 수 있어요. 런닝맨 놀이에서 다양함을 느껴 보세요!

Let's make it!

01 프린트한 아이들 이름을 오려 주세요.

02 펠트지에 ①의 글자를 올려 놓고 아이들 이름을 오려 주세요.

03 다른 펠트지에 ②의 이름을 붙여 주세요.

04 벨크로 테이프를 펠트지 뒤에 붙여 주세요.

05 집에서 편하게 입을 수 있는 옷 등에 이름판을 붙여 주세요. 못 입는 옷이라도 좋아요.

06 아이들에게 옷을 입혀서 런닝맨 놀이 시작! 서로 쫓고 쫓기며 이름표를 떼어 보세요.

tip

❶ 아이들은 자기중심적이라 놀이를 하더라도 지는 걸 너무 싫어해요. 형과 동생이 같이 논다면 동생은 당연히 힘에 밀리게 되죠. 형이 한 번 이름표를 뜯었다면 그 다음에는 형의 이름표를 뜯을 수 있는 기회를 주세요. 엄마가 중심을 잡고 통제를 해주어야 아이들 웃음소리가 오래 간답니다.

❷ 런닝맨 놀이는 하다보면 넘어지고 뒹굴게 돼요. 놀이를 시작하기 전 아이들이 부딪쳐 다칠 수 있는 책상, 의자 등을 치워 주세요. 놀이가 끝난 후에는 치웠던 물건을 함께 정돈하는 것으로 마무리해 주세요.

신체 발달 놀이 NO.11

신문지 그림

준비물 신문지

놀이 나이 만 3~6세

신문지로 그림 그리는 것처럼 동그라미, 세모, 네모 다 만들 수 있어요.

쉽게 구할 수 있는 재료, 그리고 좋은 놀이 재료인 신문지.
신문지로 멋진 그림을 만들어 봐요. 목욕하기 전 욕실에서 놀아 주면
치우기도 편하고 아이들도 마구 뛰어다니면서 활동량도 많아지고,
놀이표현력도 더 커진답니다. 붓으로 그리는 것이 아니라 신문지를 하나하나 붙이고
이어가면서 그림이 되는 모습에 아이들도 너무 좋아한답니다.

Let's make it!

01 신문지를 길게 찢어 주세요.

02 욕조에 물을 채운 다음 아이들이 찢은 신문지를 넣어 주세요.

03 물을 살짝 묻힌 다음 신문지를 욕실 벽면에 붙여 주세요.

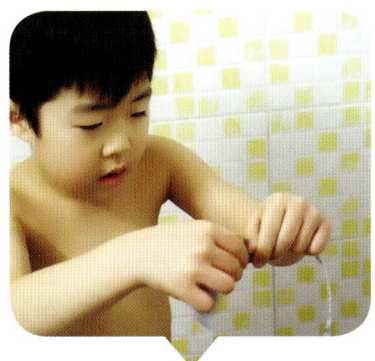

04 종이가 너무 길면 잘라서 붙여 주세요.

05 선과 선을 이어가면서 그림을 완성해 주세요.

06 멋진 그림을 완성한 후 아이들에게 그림에 대한 이야기를 들어 보세요.

 **tip**

❶ 목욕하기 전에 5분 정도만 놀아 주어도 좋아요. 목욕하기 싫어 버티던 아이도 어느새 욕조로 쏙 들어옵니다.

❷ 0~2세 아이들에겐 그림을 붙이는 것이 어려울 수 있어요. 목욕하기 전에 아이들 목욕통에 신문지를 찢어서 붙여 놓고 밟기도 하고 신문지가 물 위에 물고기처럼 떠다니면 잡아보기도 하면서 놀아 주세요.

신체 발달 놀이 **NO.12**

정글숲을 지나서 가자

준비물 신문지, 유리테이프, 가위

놀이 나이 만 **3~6**세

> 엄마, 우리처럼 신문지가 찢어지지 않게 이쪽으로 와 보세요.

> 엄마는 어른이라 몸이 커서 힘들걸?

아이들과 재미있는 신체 놀이를 해 보려고 해요. 아이들은 조심성이 없고 성격이 급한 면이 있죠. 그래서 조심성을 키워 주기 위해 신문지 사이로 지나가는 놀이를 생각해 봤어요. 의외로 아이들은 금방 적응하더라고요.
아이들은 신문지가 약하다는 것을 알고 살금살금 조심히 피하면서 놀았어요. 그러면서 조심히 잘 도망가는 아이들이 귀여워요.
집을 정글숲처럼 꾸미고 서로 잡기 놀이도 하면서 놀아 보아요.

Let's make it!

 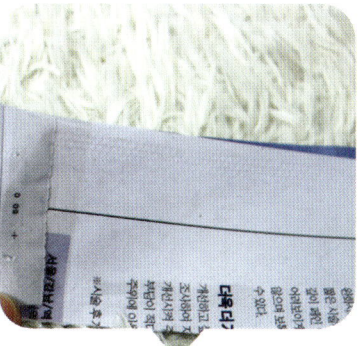 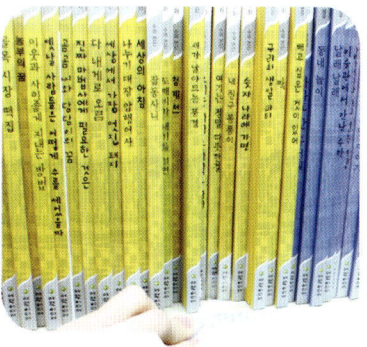

01 신문지를 두 장 정도 겹처서 5cm 너비로 잘라 주세요.
▶ 한 장은 너무 얇아 찢어질 수 있어요.

02 신문지를 펼쳐 놓고 유리테이프를 붙여서 길게 연결해 주세요.

03 거실에 거미줄처럼 연결을 해주세요. 책장이나 벽에 테이프로 고정하면 됩니다.

04 거실에 매트를 깔고 아이들이 다치지 않도록 해주세요.

05 아이들끼리 서로 잡으러 가면서 놀아요.

06 다리로 살짝 넘어가 보기도 하고 조심스럽게 피해 보기도 하면서 재미있게 놀아요.

 **tip**

❶ 0~2세 아이들이라면 거미줄처럼 둘러친 신문지를 잡아 뜯어 보는 동작이 소근육 발달에 도움이 됩니다.
❷ 아이들 힘이 약하면 신문지를 반쯤 잘라 놓은 다음 아이들이 양쪽으로 잡고 뜯는 것도 좋은 방법이에요.

신체 발달 놀이 NO.13

제기차기

준비물 신문지, 실, 비닐, 가위

놀이 나이 만 5~7 세

> 자 맞춰 봐.

> 제기가 어디에 있는지 발로 잘 조준한 다음에, 이렇게!

제기차기는 명절 때 많이 했는데 요즘은 보기 드문 놀이가 됐어요.
하지만 아이들만의 제기를 만들어서 다양하게 놀아 볼까요?
중심 잡기 때문에 제기차기가 아이들에겐 조금 어려울 수 있어요.
한 발로 비틀거리면서도 구호에 맞춰 하나둘 제기를 차는 모습이 너무 예쁘고 귀여워요.
한두 개 맞추고도 좋아하며 소리 지르는 모습에 기분이 흐뭇해진답니다.

Let's make it!

01 신문지를 뭉친 후 동그랗게 구겨 주세요.

02 돌돌 뭉친 신문지를 실로 감아 주세요.

03 다시 비닐로 실뭉치를 감싸 주세요.

04 윗부분을 실로 묶어 주세요.

05 비닐 윗부분을 가위로 길게 잘라 주세요.

06 우리 아이만의 제기 완성! 집에서 아이와 함께 제기차기를 하면서 즐겨 보세요.

tip

❶ 제기차기를 하면서 아이들이 차기 힘들 때가 있어요. 사실 어른도 차기 힘든데, 아이들이 잘하기란 더 어렵겠죠. 어린아이들에게는 좀 더 쉽게 찰 수 있도록 비닐을 묶을 때 실을 길게 빼서 끈처럼 늘어뜨려 주세요. 그리고 엄마가 제기를 잡고 있고 아이가 제기를 차면서 한 발로 중심을 맞춰 보면 훨씬 쉽답니다. 형제가 있다면 형이 동생을 잡아 주고 동생이 제기를 찬다면 놀이와 함께 우애도 다질 수 있겠죠.

1장 신체 발달 놀이

신체 발달 놀이 NO.14
중심 맞추기

준비물: 생수통, 못, 펜치, 휴지 심지, 스티로폼 공

놀이 나이: 만 3~6세

> 쉬워 보여도 막상 맞추려고 하면 쉽지 않아요.

> 난 무조건 물총 쏘는 게 신나.

욕실은 참 다양하게 활용이 가능해요. 물놀이, 물감 놀이 등 신체 활동 놀이를 마음껏 할 수 있는데다 지저분해질까 통제할 필요도 없으니 아이들이 더 즐겁게 잘 노는 것 같아요.
물감 놀이는 많이 해 봤다면 물놀이를 해볼까요?
힘을 주어서 간격 조정을 한 후에 중심을 키우는 방법을 배울 수 있어요.

Let's make it!

01 생수통을 준비해 주세요.

02 못을 펜치로 힘을 주어서 잡고 불에 살짝 달궈 주세요.

03 불에 달군 못으로 생수통 뚜껑 중심에 구멍을 하나 내 주세요.
▶ ②, ③은 엄마가 합니다.

04 생수통에 물을 넣어 주세요.

05 목욕탕 의자 사이에 있는 구멍 위에 휴지 심지를 올린 다음, 그 위에 공을 올려 주세요.

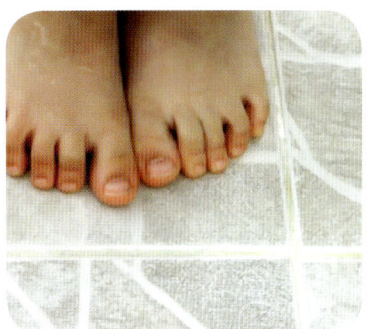

06 기준선을 정해 거리를 조절해 가면서 물총 놀이를 해 보세요.

07 아이들이 공을 맞추기 위해 손을 쭈욱 뻗으면 스트레칭 효과도 있고, 맞추려는 의지로 인해 집중력도 길러진답니다.

 **tip**

❓ 음료통은 물총으로 아이들이 누르기가 힘들기 때문에 생수통처럼 잘 구겨지는 것을 이용해 주세요. 아이들이 힘을 주어서 놀다가 물통이 찌그러지면 뚜껑을 열고 다시 펴 주면 된답니다.

1장 신체 발달 놀이 59

신체 발달 놀이 NO.15
콩이 또르르 굴러가요

준비물 콩, 팥, 일회용 은박 접시, 깔때기, 비닐

놀이 나이 만 3~5세

> 이렇게 접시를 흔들면 차르륵 차르륵 소리가 꼭 소나기 소리 같아요.

아이들이 어릴 때 콩잡기를 하면 소근육을 발달시킬 수 있어요.
또르르 콩이 굴러가는 소리, 그릇에 부딪치는 소리 등 다양한 소리를 구분해 보면서 콩과 친해지는 시간을 가져 보았어요. 도구에 따라 달라지는 소리를 들어 보세요.

Let's make it!

01 콩, 팥 등을 아이들이 눈으로 보며 구분해 보고, 손으로 만져 보도록 해 주세요.

02 바닥에 비닐을 깔고 콩을 한 주먹 쥔 다음 어깨높이로 들어서 떨어뜨려 보세요.

03 깔때기에 넣어서 쪼르르 흘러내리는 소리도 들어 보세요.

04 일회용 은박 접시에 콩을 올리고 흔들며 콩이 움직이는 소리를 들어 보세요.

05 콩과 팥을 섞어 보세요.

06 콩이 발에 닿는 느낌을 느껴 보세요.
▶ 맨발로 밟으면 아플 수 있으니 양말을 신겨 주세요.

07 바닥에 떨어진 콩과 팥을 분류해 보세요.
▶ 콩과 달리 팥의 색이 달라 아이도 쉽게 분류할 수 있어요.

tip

❶ 콩이 떨어지는 소리는 어디에 떨어뜨리느냐에 따라서 소리가 달라져요. 맑은 소리, 둔탁한 소리 등 콩이 떨어질 때의 소리를 들어 보고 아이들과 여러 가지 의성어, 의태어를 사용하여 그 느낌을 이야기해 보면 좋아요.

❷ 입에 넣으면 위험할 수도 있으니 엄마가 잘 지도해 주세요.

1장 신체 발달 놀이

신체 발달 놀이 NO.16

신나는 탈춤

준비물
탈, 물감, 스포이트
물, 컵, 고무줄 2개

놀이 나이
만 **3~5**세

아이들과 덩실덩실 탈춤을 춰 볼까요? 문구점에 가면 탈을 살 수 있어요.
물감을 탈에 떨어뜨릴 때 퍼지는 느낌도 느껴 보고, 예쁘게 탈을 꾸며도 보아요.
탈 꾸미기가 끝난 다음에는 그냥 쓰고 놀아도 좋지만 함께 춤도 춰 보면 더 좋겠죠?
미술 놀이와 신체 놀이가 결합되어 매우 재미있는 시간을 보낼 수 있어요.

Let's make it!

01 컵에 물을 담고 물감을 풀어 주세요.

02 스포이트로 원하는 물감을 빨아들여 주세요.

03 스포이트에 담은 물감을 탈에 떨어뜨려 주세요.

04 물감이 흘러내리면서 탈에 흡수됩니다. 물감이 퍼지면서 마를 때의 변화도 느껴 보아요.

05 고무줄을 양쪽 귀에 걸어 주세요.

06 탈을 쓰고 서로의 얼굴을 봐 주세요.

07 손수건 두 장을 양손에 들고서 탈춤을 춰요.

tip

❶ 탈을 만든 다음 물감이 든 컵을 섞어 보면서 색 놀이도 해 보세요.

신체 발달 놀이 NO.17

아슬아슬 휴지 징검다리

준비물 두루마리 휴지

놀이 나이 만 **1~7**세

> 넘어지지 않고 끝까지 걸어갈게, 잘 봐.

> 형아 조심조심 와야해.

놀이터가 아닌 집에서, 특별한 재료를 사지 않고 생활용품으로 놀 수 있는 놀이를 찾아 봤어요. 생활필수품으로 두루마리 휴지는 빼놓을 수 없죠. 두루마리 휴지를 이용해 쌓아 보고 뛰어 노는 동안 몸과 마음이 건강해지는 것을 느낄 수 있어요.

Let's make it!

01 휴지를 가지고 쌓기 놀이를 해 보세요.

02 발로 뻥~ 차 보세요.

03 휴지를 쭈욱 연결해 다리를 만들어 주세요.

04 중간중간 휴지를 몇 개 빼 주세요.

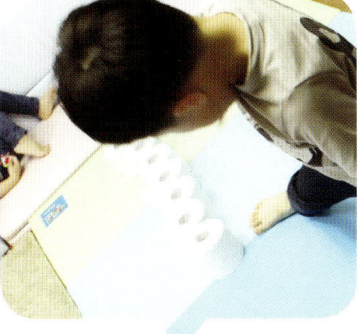

05 중간중간 몇 개를 빼고 나니 휴지 징검다리가 되었어요.
▶ 몇 번 걷다 보면 보폭을 재어 보고 휴지 간격을 조절하는 모습을 볼 수 있어요.

06 아이들과 "다리를 어떻게 건널까?" 이야기를 하면서 상황을 만들어 놀 수 있으면 더욱 좋아요.

 **tip**

❶ 휴지 징검다리 놀이는 어린아이들도 가능한 놀이예요. 단, 2세 전 아이들은 중심잡기가 힘들 수 있어요. 그럴 때는 휴지 두 롤을 붙여서 건너도록 해 주세요.
❷ 아이들이 건너면서 휴지가 찌그러져도 다시 펴면 되니깐 간편하게 놀 수 있어요.

 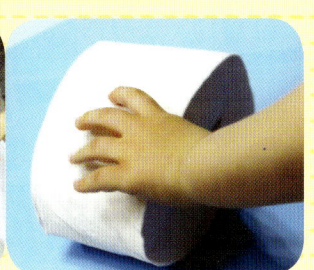

1장 신체 발달 놀이

신체 발달 놀이 NO.18

우산 놀이

준비물 키트파스, 투명 우산, 콩

놀이 나이 만 **2~5**세

> 난 우산이 너무 좋아요. 매일매일 비가 왔으면 좋겠어요.

> 개구리처럼 우산 아래 숨었어요.

아이들은 비가 오지 않아도 우산을 갖고 노는 걸 좋아하죠. 게다가 요즘 우산에는 예쁜 캐릭터가 정말 많이 그려져 있고, 종류도 다양해요. 아이들이 좋아하는 우산을 만들어 보고 꾸며 볼까요? 실생활에서 구할 수 있는 우산을 가지고 다양한 놀이 도구로 활용해 본다면 놀이가 더욱 즐거워져요. 우산 하나로 대근육과 소근육을 발달시키는 신체 놀이, 청각 놀이, 시각 놀이 등을 즐길 수 있어 더욱 유익합니다.

Let's make it!

01 투명 우산을 준비해 직접 펴 보도록 해주세요. 소근육을 발달 시킬 수 있어요.

02 뒤를 돌아 소리를 맞출 준비를 해요.

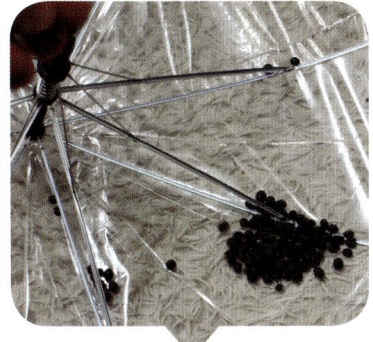

03 펼친 우산에 콩을 붓고 흔들어 주세요. 뒤로 돈 아이는 무슨 소리인지 소리를 듣고 맞춰 봅니다.

05 뒤돌아서 들었던 소리와 비슷한지 직접 흔들어 비교해 보세요.
▶ 뒤돌아서 들었던 소리와 직접 흔들어 보며 듣는 소리가 다르다는 것을 알 수 있어요. 보이지 않을 때 아이들의 상상이 커지기 때문이죠.

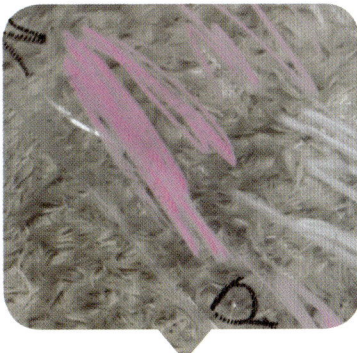

05 키트파스로 투명 우산 위에 그림을 그려 주세요.

06 그림을 그린 우산을 팽이처럼 돌려 주세요. 우산이 돌아가면서 무늬가 섞여 예쁘게 보인답니다.

tip

❶ 0~2세 아이들이라면 우산을 펴놓고 "꼭꼭 숨어라! 우산 속에 숨어라!" 말하면서 숨바꼭질 놀이를 해보세요. 투명 우산인데도 그 속에 숨는 모습에서 아이들의 순수함을 엿볼 수 있답니다.

1장 신체 발달 놀이

신체 발달 놀이 NO.19
나는야 권투선수

준비물 풍선, 실, 유리테이프

놀이 나이 만 2~5세

> 엄마, 우리 힘세지요?

> 이렇게 줄을 잡아 길이 조절을 해서 놀면 더 재미있어요.

신체 놀이를 할 때는 아이들 웃음소리가 커진답니다. 그래서인지 저도 아이들 스트레스 팍팍 풀리게 신체 놀이를 하는 게 좋아요. 간단하면서 쌓인 스트레스도 날려 버릴 수 있는 펀치 게임은 어떠세요? 실제 펀치 게임 기계는 어른도 온 힘을 실어야 하는 거라 아이들에겐 무리예요. 대신 아이들도 마음껏 주먹을 뻗어볼 수 있도록 풍선으로 하는 펀치 게임을 생각했어요. 나는야 권투 선수! 아이들의 펀치 힘은 얼마나 될까요? 힘껏 주먹을 날려 봐요.

Let's make it!

01 실과 풍선을 준비해 주세요.

02 풍선을 불어 주세요.

03 적당한 크기로 불어서 입구를 묶어 주세요.

04 실을 묶고 길게 연결한 다음 테이프로 고정해 주세요.

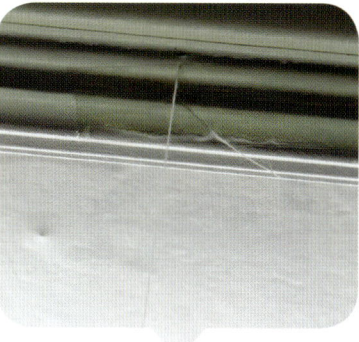

05 실을 길게 빼서 천장에 고정해 주세요.

06 거실 중앙에 풍선이 매달려 있어요.

07 서로 마주보면서 펀치를 날려 볼까요?

 **tip**

❶ 손으로 쳐 보고, 발로도 차 보아요. 실 길이만 조정하면 손, 발을 모두 이용할 수 있는 놀이가 된답니다.
❷ 아직 혼자 서 있는 게 힘든 아이라면 줄을 길게 빼주고 앉아서 손으로 튕겨 볼 수 있도록 해 주세요.

신체 발달 놀이 NO.20

공을 받아라

준비물
벨크로 테이프, 테이프
스티로폼 공
일회용 음료 통

놀이 나이
만 **2~6**세

"받아랏!"

"이번에는 꼭 받고 말겠어!"

요즘은 놀이터나 학교 운동장에 나가도 같이 놀 아이들이 없어요. 어른들보다 아이들이 더 바쁜 거 같아요. 아이들은 자고로 뛰어 놀아야 하는데 안타깝다고 생각한다면 여기 방법이 있습니다. 바로 스릴 넘치는 공 받기 놀이. 날아오는 공을 잽싸게 피하면서 민첩성도 기를 수 있고 긴박한 상황에서 나오는 아이들의 유연성도 확인해 볼 수 있답니다.

 **Let's make it!**

01 가운데에 구멍을 뚫은 둥근 투명 플라스틱 용기를 준비해 주세요.

02 투명 용기의 구멍에 손가락이 다치지 않도록 테이프로 감아 부드럽게 해 주세요.

03 벨크로 테이프의 한 면을 투명 플라스틱용기 안쪽에 붙여 주세요.

04 용기 전체에 빈틈없이 면의 벨크로 테이프를 붙여 주세요.

05 스티로폼 공(플라스틱 공)에 용기에 붙인 면과 다른 면의 벨크로 테이프를 붙여 주세요.

06 실내에서도 안전하게 놀 수 있는 글러브와 볼 완성입니다.

 **tip**

❶ 벨로크 테이프로 공을 감을 때에 꼼꼼하게 감아 주세요. 테이프가 제대로 붙지 않으면 글로브에 붙은 것을 뗄 때 테이프까지 떨어질 수 있어요.

1장 신체 발달 놀이 71

신체 발달 놀이 NO.21
신문지 칼싸움

준비물: 신문지, 종이 접시, 색종이 풀, 가위

놀이 나이: 만 2~6세

> 우리는 평화의 용사!

> 크로스!

아이들, 특히 남자 아이들은 칼싸움을 참 좋아합니다. 칼싸움이라고 하면 부정적으로 생각하기 쉽죠. 하지만 칼싸움은 사실 적극적인 성격을 키워주고 칼을 휘두르는 큰 동작에서 오는 근육 발달로 아이들에게 유익한 면도 많답니다.
무엇보다 칼을 휘두르며 아이들도 스트레스를 풀거든요.
누구도 다치지 않는 평화로운 칼싸움을 위한 칼을 만들어 볼게요.

Let's make it!

01 신문지를 두세 겹 겹쳐서 돌돌 말아 주세요.

02 돌돌 말은 신문지를 색종이로 예쁘게 감싸 주세요.

03 종이 접시 중앙을 열십자로 잘라 주세요.

04 색종이로 감싼 신문지를 종이 접시에 끼워 주세요.

05 색종이를 찢어 주세요.

06 색종이로 감싼 신문지에 풀칠하고 색종이 위에 굴려 주면 완성입니다.

tip

❶ 아무리 찔려도 아프지 않은 평화로운 신문지 칼로 가족이 함께 대결을 펼쳐 보세요. 영웅처럼 기압소리도 넣어 보고 멋지게 뛰어도 보면 아이들이 무척 즐거워 한답니다.

신체 발달 놀이 NO.22

물풍선 슛 골인

준비물 풍선, 물, 바구니

놀이 나이 만 2~7세

날이 더워도 추워도 아이들은 늘 뛰어다닙니다. 그 조그마한 몸 어디서 그런 힘이 나는지 가만히 보고 있으면 감탄이 절로 나와요. 겨울이나 여름이나 늘 땀범벅이지만 특히 여름에는 온몸이 샤워를 한 듯 흠씬 젖어 있죠. 이럴 때 아이들을 시원하게 해줄 놀이가 하나 있어요. 게다가 스릴 만점. 바로 '물풍선 슛~골인!' 놀이입니다.

Let's make it!

01 풍선에 물을 넣어 묶어 주세요.
▶ 요즘은 물풍선용으로 작은 풍선을 문방구에서 팔아요(200~500원)

02 풍선과 바구니를 들고 밖으로 나가세요.

03 간격을 조절한 뒤 바구니를 놓아 주세요.

04 던질 물풍선을 미리 나누어 주세요.

05 바구니를 향해 던져 보세요.

06 터지지 않은 풍선은 다시 꺼내서 또 던질 수 있어요.

tip

❶ 물풍선을 던지기 전에 아이들과 풍선의 몰캉몰캉한 느낌을 느껴 보세요.
❷ 아이들이 물풍선 놀이가 끝나면 터진 풍선을 줍는 정리 습관도 길러 주세요.

1장 신체 발달 놀이

신체 발달 놀이 NO.23

혀의 감각 알기

준비물
우드락, 벨크로 테이프
코팅지, 양면테이프, 자석
음식, 혀의 모양, 음식 이미지

놀이 나이
만 **3~6**세

> 하얀 가루라면 설탕 아니면 소금이겠군. 어디 한 번.

> 으악 짜 짜 소금이야!

우리가 좋아하는 밥, 과자 등 먹거리에는 다양한 맛이 있죠.
혀를 통해서 달다, 짜다, 맵다 등 맛에 대한 감각을 느낄 수 있어요.
그냥 보기엔 단순한 혀인데, 혀에는 어떤 기능이 있는지, 그 특징을 아이들이 쉽게
이해할 수 있도록 교구도 만들어 보고 먹어도 볼까요? 무엇보다 맛있는 것을
냠냠 먹으면서 놀다 보면 미각이 무엇인지 머리에 쏙쏙 들어온답니다.

Let's make it!

01 혀의 모양과 각각 다른 맛을 나타낼 수 있는 음식 이미지를 출력해 주세요.

02 우드락에 붙인 후 폼보드 절단기로 잘라 주세요.

03 혀에 벨크로 테이프를 붙여 주세요.

04 음식 모양도 잘라서 우드락에 붙여 준비해 주세요.

05 미각의 종류별로 음식을 준비한 다음 맛을 보고 그 느낌을 이야기해요.(예: 단맛-초콜릿, 짠맛-소금, 신맛-레몬)

06 맛을 본 뒤 음식들을 각 미각별로 교구 옆에 놓아 주세요.

07 자석을 혀와 음식 교구 뒤에 붙인 후, 보드판이 있으면 붙여 가며 활용해도 좋답니다.

 **tip**

❶ 아이랑 맛을 느껴 보면서 '레몬은 상큼하게 시다', '사탕은 부드럽게 달다' 등 맛을 다양하게 표현해 보고 서로의 느낌에 대해 이야기해 보는 시간을 가져요.

신체 발달 놀이 NO.24

동물 볼링 놀이

준비물: 요구르트 병, 색종이, 동물 이미지, 유리테이프, 공

놀이 나이 만 2~4세

다 먹고 난 요구르트 병도 훌륭한 장난감이 될 수 있어요. 아이들이 좋아하는 동물 그림을 붙여 볼링을 즐겨 보세요. 공에 맞은 볼링 핀이 쓰러질 때 동물 흉내도 함께 내면서 즐거운 시간을 보낼 수 있어요. 볼링 핀은 색깔별로 다양한 색종이를 활용해서 만들면 아이들과 색감 놀이도 할 수 있어요.

Let's make it!

01 요구르트 병을 깨끗이 씻어서 말려 주세요.

02 색종이로 요구르트 병을 감싸 주세요. 이때 전체를 붙이지 않고 2/3 정도만 감싸 주세요.

03 색종이는 다양한 색상으로 붙여 주세요.

04 아이들이 좋아하는 동물 이미지를 준비해 주세요.

05 동물 이미지를 요구르트 병 위에 붙여 주세요.

06 손끝으로 공을 굴려서 요구르트 병을 넘어뜨릴 수 있도록 해 주세요.

tip

❶ 동물 모양, 울음소리를 생각하면서 다양한 의성어, 의태어 표현도 알 수 있고, 볼링을 즐기다 보면 자연스럽게 힘 조절을 할 수 있어요. 아이들은 볼링 핀을 많이 쓰러뜨리기보다는 자기가 좋아하는 동물들을 맞히는 것을 더 좋아한답니다.

❷ 여러 가지 색을 영어로 말해 볼까요? 색을 영어로 배울 수 있어요.

1장 신체 발달 놀이 **79**

신체 발달 놀이 NO.25
신나게 샷~ 나는 골프 선수

준비물: 포장지 심지, 테이프 심지, 캐릭터 포장지, 유리테이프, 마분지, 신문지, 가위

놀이 나이: 만 2~5세

> 들어가라, 들어가라!
> 내가 도와줄게.
> 또르르~

아이들은 역시 놀이터에서 놀 때가 제일 아이다워요. 그런데 날이 춥거나 덥거나 너무 어두워 놀이터에서 놀기 힘들 때 참 고민이 되죠.
신체활동을 많이 해야 몸도 마음도 성장할 수 있으니까요. 집에서 흔히 볼 수 있는 재료들을 모아서 공을 넣는 교구를 만들어 주었어요. 아이들이 힘 조절을 통해서 공을 넣기 위해 서로서로 노력하고 게임을 즐기는 모습이 다정하게 느껴진답니다.

Let's make it!

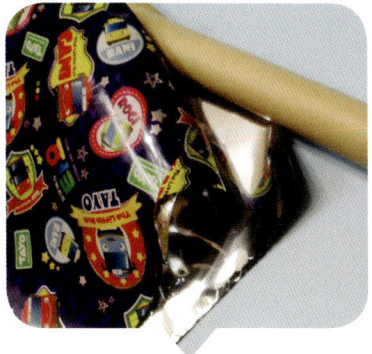

01 캐릭터 포장지를 사게 되면 긴 심지가 들어 있어요.

02 포장지 한 장을 심지에 돌돌 돌 말아 주세요.
▶ 긴 심지가 없으면 달력이나 마분지 등으로 말아 막대를 만들어 주세요.

03 다 쓴 박스 테이프 심지에 신문지를 구겨 넣어 주세요.

04 마분지나 스케치북 겉장을 잘라서 테이프 심지 윗부분을 덮어 주세요.

05 캐릭터 포장지로 예쁘게 꾸며 주세요.

06 쓰레받기를 놀이에 이용해 위치를 바꾸기도 하고 힘을 조절하기도 하면서 공을 넣어 보세요.

tip

❶ 재활용품을 모아서 포장만 해놓으면 멋진 놀이 기구가 완성된답니다. 게임을 즐길 때 아이들이 넣는 위치에 따라서 점수를 달리 정해서 성공할 때마다 덧셈도 해보면서 수 놀이와 연계해 보세요.

❷ 0~2세 아이들은 아직 힘이 없어서 공을 넣기는 어려울 거예요. 가까운 거리부터 천천히 할 수 있도록 해주고, 엄마아빠가 아이 뒤에서 아이의 두 손을 꼭 잡고서 함께 슛을 해보세요. 스킨십이 많을수록 아이들은 안정감을 느낀답니다.

신체 발달 놀이 NO.26

일회용 접시로 만든 탬버린

준비물 신문지, 일회용 은박 접시 끈, 방울, 색연필, 종이 풀, 글루건

놀이 나이 만 2~5세

두드리면 통통통.

흔들면 딸랑딸랑.

악기 놀이는 청각 발달에 좋아요. 다양한 소리를 들어 보는 것도 좋고 직접 아이들과 미술 놀이도 하고 소리 나는 악기를 만들어 보면 오감 놀이를 다양하게 즐길 수 있어요. 딸랑딸랑 방울 소리도 들어 보고 탬버린을 두들겨 볼 수도 있죠. 세상에서 하나뿐인 탬버린을 만들어 볼까요?

Let's make it!

01 일회용 은박 접시에 구멍을 뚫어 주세요.

02 끈에 방울을 달아 주세요.

03 신문지를 마구 구겨 일회용 은박 접시 안에 넣어 주세요.

04 나머지 은박 접시를 위에 덮고 구멍에 ②의 방울을 달아 주세요.

05 일회용 은박 접시 크기만큼 종이를 잘라서 색연필로 예쁘게 꾸며 주세요.

06 은박 접시 위에 아이들 그림을 붙이면 탬버린이 완성됩니다.

tip

❶ 손으로 톡톡 쳐서 소리를 들어 보세요. 아이들이 소리를 느껴 본 후에 같이 노래도 부르고 흥얼거리는 리듬감을 느껴 보세요.

❷ 0~2세 아이들에겐 특히 쉽게 가지고 놀면서 소리를 들어 볼 수 있는 놀이가 된답니다. 방울이 작으니 아이들이 먹지 않도록 주의해 주세요.

신체 발달 놀이 NO.27

알록달록 빨대 팔찌

준비물
빨대, 고무줄, 가위

놀이 나이
만 **3~5**세

우유나 요구르트를 마실 때, 음료수를 마실 때 늘 빨대를 이용하죠. 그만큼 빨대는 우리 주위에서 흔하게 볼 수 있어요. 알록달록 다양한 색의 빨대를 이용해서 팔찌를 만들어 봐요. 굵은 빨대를 이용하면 만들기도 편하고, 실 꿰기 교구를 사지 않아도 빨대를 꿰어 가면서 연결하는 연습을 하다 보면 소근육이 발달된답니다.

Let's make it!

01 다양한 색의 빨대를 준비해 주세요.

02 간격을 조절해서 빨대를 잘라 주세요.

03 고무줄을 빨대 속으로 끼워 주세요.

04 양끝을 남겨 두고 고무줄에 빨대를 끼워 주세요.

05 양끝을 잡고 묶어 주세요.

06 알록달록 나만의 팔찌 완성!

tip

❶ 빨대를 자를 때는 책상 위에 살짝 놓고 가위로 잘라 주세요. 빨대를 들고 자르면 자를 때마다 빨대가 튕겨나가니까 주의하세요.

❷ 빨대를 자르고 난 후에 색을 분류해 보면서 분류 놀이, 패턴 놀이를 해도 좋아요.

❸ 팔찌, 목걸이 등 다양하게 활용할 수 있어요.

신체 발달 놀이 NO.28
가리비 캐스터네츠

준비물: 가리비, 장식 재료, 글루건, 볼펜 스프링

놀이 나이: 만 3~5세

오랜만에 치즈를 올려서 가리비 요리를 해 먹었어요. 맛있게 먹은 후에는, '가리비로 놀 수 있는 게 뭐가 있을까 고민하며 깨끗이 씻어 말렸지요. '가리비는 어떤 소리가 날까?'라는 호기심에 가리비로 악기를 만들어 보기로 했어요. 캐스터네츠를 만들었더니 부채꼴 모양의 예쁜 가리비가 서로 이를 닫으면서 내는 딱딱 소리가 참 예쁘게 들렸답니다. 가리비로 연주를 하면서 노래도 함께 부르고 박자감도 느껴 보세요. 리듬감도 키우고 청각 발달에도 좋답니다.

Let's make it!

01 가리비는 속을 빼내고 깨끗이 씻어 말려 주세요.

02 가리비 안쪽에 볼펜 스프링을 세워서 글루건으로 붙여 주세요.

03 가리비를 서로 맞대고 글루건으로 고정해 주세요.

04 이때 글루건이 굳기까지 가리비를 맞대고 "짝짝짝" 소리가 나도록 계속 움직여 주세요. 그래야 글루건이 느슨하게 붙어요.

05 가리비 위쪽을 장식 재료로 붙이면서 꾸며 주세요.

06 장식 재료는 되도록 다양하게 구비하고 색깔별, 모양별로 아이들이 꾸미고 싶은대로 꾸며 주세요.

tip

❶ 같은 가리비라도 만들고 나서 귀를 대고 들어 보면 소리가 다르게 난답니다. 서로의 소리도 들어 보고 노래도 부르다 보면 청각 자극에 도움이 됩니다.

❷ 0~2세 아이들은 손의 힘이 약해서 한 손으로 캐스터네츠를 연주하긴 힘들어요. 바닥에 놓고 아이들이 눌러서 연주를 할 수 있도록 해 주세요.

신체 발달 놀이 NO.29
무지개 종소리

준비물 젤리통, 끈, 아크릴물감, 다양한 종, 칼

놀이 나이 만 2~4세

딸랑

크리스마스트리 장식용으로도 좋아요.

아이들이 좋아하는 젤리를 먹고 나서 그 통을 버리기가 아깝더라고요. 투명한 모양이 너무 예뻐서 종을 만들어 봤어요. 알록달록하게 색칠해 보기도 하고 다양한 종을 달아서 소리도 들어 보세요. 시중에 파는 종보다 소리는 좋지 않지만 아이들이 훨씬 즐거워했어요. 종을 흔들어 보면서 '어떤 소리가 날까?' 서로 이야기해 보면서 창의력도 키우고 청각도 발달시켜 보세요.

Let's make it!

01 젤리를 먹고 난 후 통을 씻어서 말려 주세요.

02 종을 크기별, 개수별로 구별해 주세요.

03 아크릴물감으로 통을 칠해 주세요.

04 통을 말려 주세요.

05 종에는 끈을 달아 주세요.

06 젤리통에 살짝 칼집을 넣은 후에 끈으로 연결한 종을 묶어 주세요. 끈을 길게 빼면 잡고 흔들기 좋아요.

tip

❶ 아이들과 놀이를 하다 보면 다른 방향으로 흘러갈 때가 있어요. 그럴 때 무작정 아이를 나무라기보다는 아이들 손바닥에 묻어 있는 물감을 신문지에 콩콩 찍어 보기도 하고 종 만드는 시간이 조금 걸리더라도 아이가 하고 싶은 대로 같이 놀아 주세요.

❷ 0~2세 아이들은 물감 놀이가 서툴죠. 그럴 땐 엄마가 종을 다양하게 만들어서 아이들이 잡고 흔들 수 있도록 해 주세요. 입으로 가져가서 빨지 않도록 주의해 주세요.

신체 발달 놀이 NO.30

또르르 구슬 게임

준비물
직사각형의 박스
아이스크림 막대, 뚜껑, 구슬
비닐, 유리테이프, 글루건

놀이 나이
만 **3~5**세

콩!

콩!

누가 구슬 운전을 잘하나,
시간재기를 해봐도 좋아요.

버리기 쉬운 재활용품으로 장난감을 만들어 보는 것은 어떨까요?
이렇게 저렇게 만들어 보고, 만들다가 실패도 해보면서 원인을 알아가는 과정도
의미가 있어요. 구슬을 좋아하는 아이들에겐 구슬이 또르르 굴러가는 느낌도
함께 느껴 보아요. 아이들이 만든 게임이라 조금은 어설프지만 스스로 만들었다는
자신감이 아이들의 어깨에 힘을 실어 준답니다.

Let's make it!

01 직사각형의 박스를 준비해 주세요.

02 아이스크림 스틱 두 개를 겹쳐서 글루건으로 붙여 주세요.

03 박스 아래쪽에 일회용품 뚜껑을 붙여 주세요.
▶ 구슬이 도착하는 곳이 됩니다.

04 ②의 막대를 간격을 조절해 가며 박스에 붙여 주세요.

05 비닐을 위쪽에 덮어 주면서 박스 포장을 해 주세요.

06 구슬 게임기가 완성되면 구슬을 길 따라 굴려 보세요.

tip

❶ 구슬을 굴려 박스 아래 뚜껑에 넣는 놀이를 해보세요. 보기에는 구슬이 쉽게 굴러가는 것처럼 보이지만 직접 해보면 구슬이 뚜껑에 들어갈 듯 말 듯해서 아슬아슬한 재미가 있답니다.

신체 발달 놀이 NO.31

구슬이 그린 그림

준비물
파스텔, 종이, 구슬
물감, 빈 통, 우유갑
나무젓가락

놀이 나이
만 **2~4**세

"나도 형만큼 잘 했죠?"

"따르르, 지그재그, 구슬이 이리 저리 구르며 그린 그림이에요."

물감을 묻혀서 구슬이 떼구르르 굴러가는 모습을 지켜볼까요?
그냥 흰 종이에 하는 것보다 파스텔을 입혀서 색을 꾸민 종이에 구슬을 굴려 보면
더 예쁜 그림이 탄생할 수 있어요. 구슬을 굴리기만 하면 예쁜 그림이 되니
특히 손에 물감 묻히기 싫어하는 아이들이 더 재미있어 한답니다.

Let's make it!

01 종이 위에 파스텔을 칠해 주세요.

02 휴지로 살짝 문질러 색을 번지게 만들어요.

03 우유갑에 물을 넣어 물감을 풀어 주세요.

04 구슬을 물감이 있는 우유갑 안에 넣어 주세요.

05 빈 통에 파스텔을 칠한 종이를 올려 주세요.

06 물감 구슬을 종이 위에 올려 주세요.

07 통을 흔들면서 구슬을 굴려 보세요. 구슬에 다양한 색을 입혀 굴리다 보면 멋진 구슬 그림이 완성됩니다.

 **tip**

❶ 구슬을 나무젓가락으로 집어서 떨어뜨리다 보면 젓가락질 연습도 할 수 있어요.

신체 발달 놀이 NO.32

얼음 스케이트 그림

준비물
얼음, 물감, 전지

놀이 나이
만 2~4세

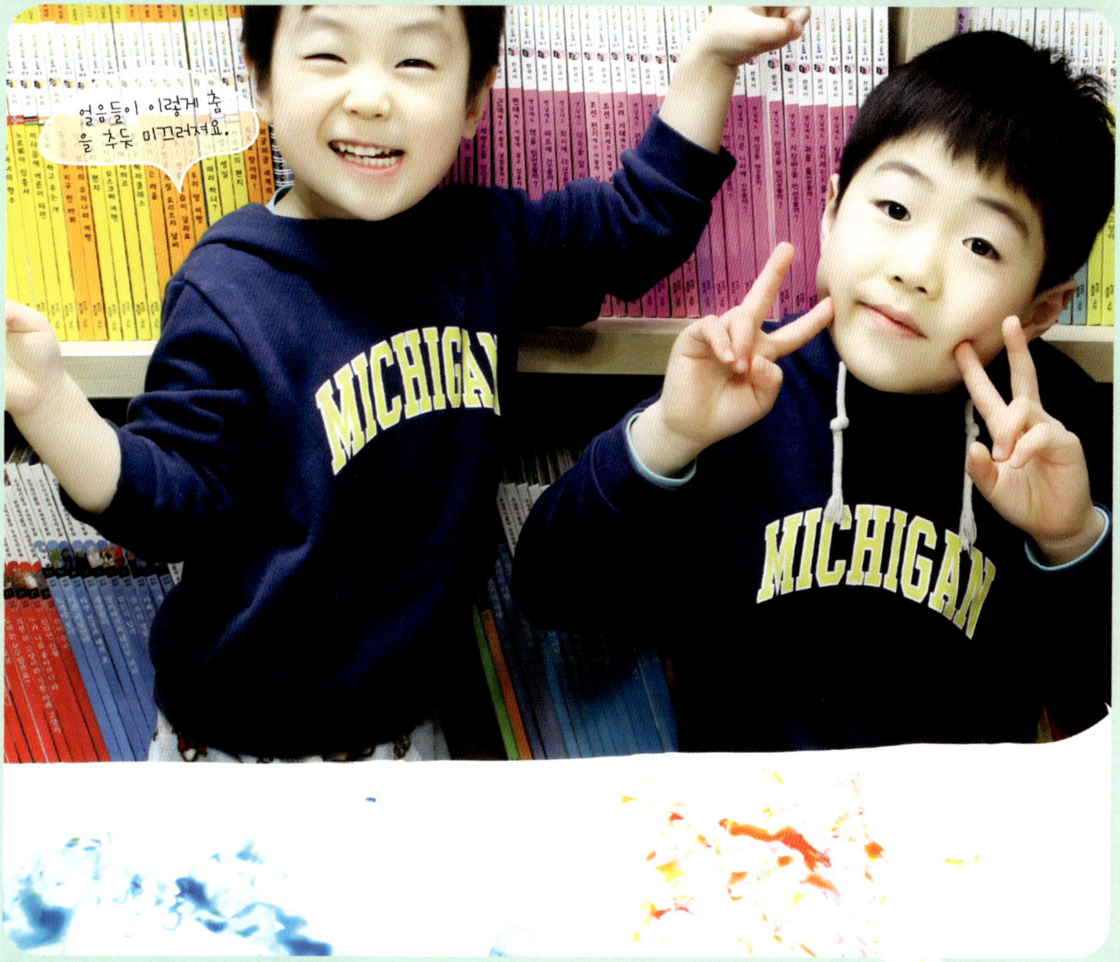
얼음들이 이렇게 춤을 추듯 미끄러져요.
MICHIGAN
MICHIGAN

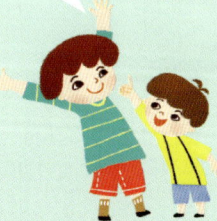

만지면 미끌미끌, 먹으면 시원한 얼음으로 아이들과 재미있는 놀이를 즐기면서 그림을 그려 보았어요. 내가 직접 그리는 그림이 아니라 얼음을 굴려 그리는 그림은 어떤 모습일까요? 내가 조절한 대로 움직이진 않지만 힘을 조절해 가면서 그림을 그려 볼까요?

Let's make it!

01 얼음을 그릇에 담고 물감을 짜 주세요.

02 한 가지 색 말고 되도록 여러 가지 색의 물감을 짜 줍니다.

03 전지를 펴고 물감 섞은 얼음을 준비해 주세요.

04 얼음을 전지 위에 놓고서 손으로 튕겨 주세요.

05 얼음이 춤을 추듯이 전지 위를 힘차게 구르며 물감 그림이 그려집니다.

06 알록달록 여러 색으로 꾸며 주세요.

tip

❶ 아이들이 힘 조절에 실패할 때가 있어요. 전지 끝 쪽을 잡아 세워서 얼음이 밖으로 튕겨나가지 않도록 해 주세요.

❷ 4세 전 아이들은 손으로 튕기는 것을 잘 못한다면 얼음을 손가락으로 밀면 됩니다.

선생님의 Advice

발달학자들에 따라 만 2~6세 혹은 만 3~6, 7세의 시기를 '유아기'라고 불러요. 유아기 동안 아이들은 인지적 측면에서 사고력이 아주 급격히 자라납니다. 사고력은 초등학교에 들어 가서야 발달하는 것인 줄 아시는 부모님들도 가끔 있는데, 사고력의 발달은 이미 첫돌 경부터 시작됩니다.

유아기의 사고력은 결국 생각하는 능력인데, 넓게 보면 다음과 같은 여러 능력이 포함돼요. 예를 들어 상상 놀이나 역할 놀이를 해낼 수 있는 상상력과 가장능력 pretend tendency, 상상과 현실을 구별하는 능력, 어떤 사물의 특징이나 살아가는 데 필요한 기본 상식들을 알아내고 기억하는 능력, 내가 원하는 대로만 다 할 수 없는 현실을 이해하고 받아들이면서 그에 맞는 해결책을 찾는 능력, 그리고 한 가지 활동을 일정시간 해내는 집중력 등이 모두 사고력에 포함되지요. 문제를 해결하는 과정에서 얼마나 다양한 아이디어를 떠올릴 수 있느냐가 창의력을 보여주는 증거이기도 해요. 놀이를 하는 중에도 모든 일이 내 생각처럼 되지만은 않아요. 이런 시행착오 순간마다 좌절감에 시달리기보다는 적절한 해결책을 찾는 일에 몰두할 수 있는 아이라면, 인지적 측면에서 문제 해결 능력과 창의력이 충분한 아이랍니다.

또, 내가 상상한 것을 놀이로 옮겨 보기 위해 계획을 세워보고 적절한 순서대로 만들어보는 건 유아기 아이들에게 아주 중요한 경험이에요. 예를 들어, 나비 가면을 만들기 위해 어떤 계획과 순서가 필요한지, 재료는 어떤 것을 준비하고 사용할 건지를 기억하고 직접 해보는 겁니다. 국기를 만들어보고, 동네를 꾸며보면서 상식을 늘려가고, 엄마가 평소 하던 요리의 순서를 색찰흙으로 해보기도 하죠. 이런 과정에서 주변의 현상들을 세심히 관찰하고, 기억하는 능력이 키워진답니다.

사고 발달 놀이 NO.33
나비 가면 만들기

준비물: 박스, 색지, 셀로판지, 색종이, 나무젓가락, 글루건, 끈, 가위, 풀, 장식 재료

놀이 나이: 만 4~7 세

색다른 가면을 만들어서 가면무도회를 열어 보면 어떨까요? 얼굴을 가리지 않아도 예쁜 아이들이지만 가면을 쓰고 음악에 맞춰 춤까지 추다 보면 동화 속 무도회에 초대된 것 같은 느낌을 받을 수 있어요.
미술 활동과 신체 활동을 함께 할 수 있어 좋은 놀이입니다. 두꺼운 가면은 박스를 잘라서 이용하면 활용도도 높고 튼튼해서 좋아요.

Let's make it!

01 박스를 잘라서 가면의 밑그림을 그려 주세요.

02 그림대로 가면을 자른 후에 눈 부분은 칼로 오려 주세요.
▶ 눈을 오릴 때는 엄마가 도와주세요.

03 가면에 검은색 색지를 붙여 주세요.

04 색종이, 장식 재료로 가면을 꾸며 주세요.

05 나무젓가락을 끈으로 돌돌 말아서 글루건으로 붙이면 손잡이 막대가 만들어집니다.

06 눈 부분에 셀로판지를 붙이고 ⑤의 막대를 붙이면 가면이 완성됩니다.

tip

❶ 0~2세 아이들은 아직 어리기 때문에 가면무도회를 연출하기는 어려울 거예요. 가면으로 까꿍놀이를 응용해 보세요. 엄마아빠가 목소리를 달리해서 동물 소리도 내어 보고 다양한 표정을 지어 보면서 아이와 재미나게 놀아주면 됩니다.

❷ 셀로판지를 들고 주위를 둘러보는 것도 재미있는 놀이가 됩니다. 빨간 세상, 초록 세상 등 색에 따라 주위가 달라지는 것을 아이들이 직접 체험해 볼 수 있답니다.

2장 사고 발달 놀이

사고 발달 놀이 NO.34
초간단 스탬프 만들기

준비물
종이컵, 휴지 심지
물감, 스케치북
사인펜(색연필)

놀이 나이
만 **3~5**세

스티커만큼이나 아이들이 좋아하는 스탬프. 콕콕 도장 찍는 재미에 빠진 아이들과 집에서 스탬프를 직접 만들어 보면 어떨까요? 서점, 문구점에서 파는 질 좋은 스탬프는 아니지만 아이들이 종이컵이나 휴지 심지로 직접 스탬프를 만들다 보면 그때마다 만들고 싶은 디자인을 생각하게 되니까 생각도 한층 깊어지게 된답니다.

Let's make it!

01 휴지 심지, 종이컵을 준비해 주세요.

02 휴지 심지, 종이컵 입구를 손으로 구겨가면서 모양을 만들어 주세요.

03 다양한 모양을 만들어 낼 수 있답니다.

04 물감을 짜 주세요.

05 ③의 종이컵, 휴지 심지를 물감에 콕콕 골고루 묻혀 주세요.

06 스케치북 위에 원하는 대로 마음껏 찍어 주세요. 다 찍은 후에는 사인펜(색연필)으로 그림을 꾸며 주세요.

tip

❶ 물감을 찍을 때 물감을 고루 묻혀 주세요. 그래야 모양이 예쁘게 찍혀 나온답니다.

❷ 아이들이 스탬프만 찍으며 놀아도 좋지만 사인펜을 가지고 그림을 그려 주면 좀 더 풍부한 표현이 가능해요.

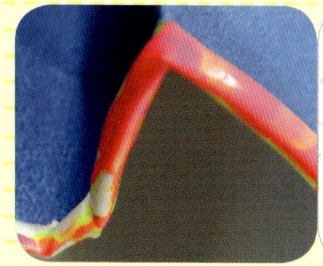

사고 발달 놀이 NO.35
태극기 꾸미기

준비물: 털실, 양면테이프, 가위, 스케치북, 연필

놀이 나이: 만 4~7세

태극기에서 건곤감리는 각각 하늘, 땅, 달, 해의 뜻을 가졌어요.

올림픽에서 우리나라 선수들이 1등을 하고 나면 태극기가 걸리고 애국가가 흘러나오죠. 태극기는 우리나라 국기예요. 요즘은 국경일에도 국기 게양을 안하는 집이 많아서인지, 점점 태극기를 볼 수 있는 기회가 줄어들고 있어요. 놀이를 통해서 건곤감리에 대해서 배우고 헷갈리지 않고 태극기를 그릴 수 있는 시간을 가져 보았어요. 태극기뿐만 아니라 다양한 세계 국기를 함께 꾸며도 좋아요.

Let's make it!

01 스케치북 위에 태극기 그림을 그려 주세요.
▶ 책을 참고로 그려 주면 됩니다.

02 국기에 맞는 색을 선정해서 털실을 준비해 주세요.

03 스케치북 그림 위에 알맞게 자른 검정 실로 건곤감리를 붙여 주세요.

04 청홍을 장식할 털실을 잘라 붙여 주세요.

05 털실을 자를 때 눈대중으로 길이를 재어 가면서 자른 후 붙여 주세요.

06 태극기가 완성되었어요.

 **tip**

❶ 풀로 털실을 붙이면 손에 털실이 달라 붙어서 아이들이 힘들어 해요. 양면테이프를 이용하면 풀보다는 쉽게 붙일 수 있어요.

❷ 2세 전후 아이들에게 국기 만들기는 좀 무리예요. 대신 털실로 다양한 놀이를 즐겨 보세요. 서로 끝을 잡아서 당겨 보면서 힘 조절도 해보고 목걸이, 기차, 뱀 등 여러 가지를 털실로 표현해 볼 수 있답니다.

사고 발달 놀이 NO.36

달걀껍질 액자 만들기

준비물
종이컵, 가위
목공용 풀, 일회용 종이 접시
면봉, 달걀껍질, 색연필

놀이 나이
만 **4~7**세

누나, 만져봐 올록볼록해

대개 그림을 그릴 때는 아이들이 밑그림을 그린 후 색연필, 크레파스, 물감 등으로 색을 칠합니다. 그런데 이런 색칠도구를 이용하지 않고도 색을 채울 수 있는 방법이 있어요. 바로 달걀껍질을 이용하는 거예요. 어렵게 보이지만 해보면 의외로 쉽고 평소와 다른 입체감 있는 그림을 만날 수 있어요.
또 달걀껍질을 이용하면 아이들이 손끝으로 직접 촉감을 느낄 수 있어 유독 즐거워한답니다.

 **Let's make it!**

01 종이컵을 반으로 잘라 목공용 풀을 짜 두세요.

02 달걀껍질을 잘게 부숴 주세요.
▶ 이때 너무 잘게 부수면 붙일 때 힘들어요. 어른의 손톱 크기 정도로 부숴 주면 제일 좋습니다.

03 일회용 종이 접시에 그림을 그려 주세요.

04 면봉으로 목공용 풀을 찍어서 꾸미고 싶은 곳에 칠해 주세요.

05 풀을 칠한 곳에 달걀껍질을 붙여 주세요.

06 예쁜 액자 완성.

 **tip**

❶ 아이들은 달걀껍질을 만질 때 다칠 수도 있으니 방망이로 두들겨서 작은 조각이 나도록 해주시면 안전해요.

❷ 공룡 그림을 출력해서 공룡을 입체감 있게 꾸며도 아이들이 좋아해요.

사고 발달 놀이 NO.37

스탬프 상상력 놀이

준비물 스케치북, 사인펜, 스탬프

놀이 나이 만 **3~5**세

내 생일에 친구들이 선물을 들고 왔어요.

베란다에 살고 있는 무당벌레에게 집을 만들어 줬어요.

아이들이 너무너무 사랑하는 스탬프. 여러 가지 스탬프를 활용해서 상상력을 길러 볼까요?
천냥 코너에서 재미있는 모양의 다양한 스탬프를 샀어요.
집에서 만든 스탬프와 구입한 스탬프를 같이 활용해 상상의 나래를 폈어요.
무작정 찍기만 하는 것이 아니라 의미를 두고 여러 가지 상황을 스탬프로
표현하는 거예요. 찍고 그리는 동안 나만의 이야기가 완성된답니다.

Let's make it!

01 다양한 모양의 스탬프를 준비해 주세요.

02 스케치북 위에 먼저 스탬프를 콕콕콕 찍어요.

03 스탬프를 찍은 그림 위에다 상상력을 더해서 사인펜으로 꾸며 주세요.

04 스탬프와 사인펜으로 꾸민 그림. 생일잔치 중인 아이를 표현했어요. (7세 그림)

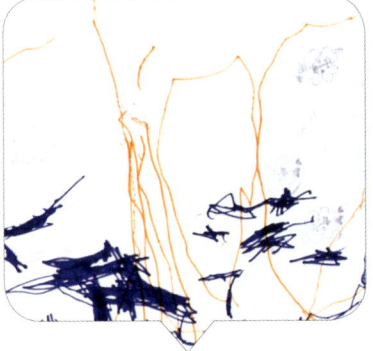

05 무당벌레 집을 꾸며준 재훈이 작품이에요. (4세 그림)

06 아이들에게 그림 설명을 부탁하면 그림에 대한 상상력이 풍부해진답니다. 아이들의 이야기를 들어 볼까요?

tip

❶ 스탬프를 사서 그냥 스케치북 위에 찍게 하는 것보다 이야기를 꾸미면서 놀게 해 주면 아이들이 자신의 생각을 더 잘 표현하게 돼요. 큰아이가 생일잔치 그림을 그려 놓은 것을 보고 친구들과 함께 생일잔치를 하고 싶은 마음을 알게 되었답니다.

사고 발달 놀이 NO.38

뻥튀기 놀이

준비물 뻥튀기, 색연필, 비닐 스케치북

놀이 나이 만 **2~4**세

나는 세상에서 가장 맛있는 뻥튀기 꽃이랍니다. 나비나 벌보다도 아이들이 더 좋아하지요.

아이들이 좋아하는 뻥튀기. 뻥튀기는 맛도 좋지만 사실 이것저것 가지고 놀 수 있는 방법도 많답니다. 구멍을 뚫어 가면으로 만들 수도 있고 야금야금 파내어 동물 모양으로 만들 수도 있고요. 오늘 뻥튀기로 아이들의 눈대중을 가늠하는 놀이를 해볼까 합니다. 생각보다 매서운 아이들의 눈썰미를 느껴보세요.

Let's make it!

01 뻥튀기를 준비해 주세요.

02 스케치북에 그림을 그려 주세요.

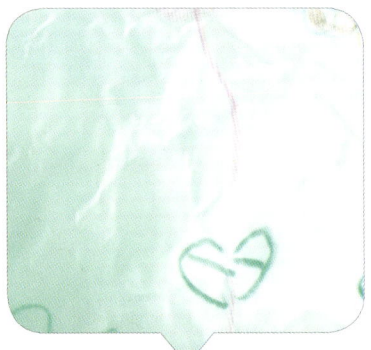

03 얇은 비닐을 그림 위에 올려 주세요.

04 뻥튀기를 올려놓을 그림 크기를 눈대중으로 가늠하며 맛있게 냠냠 먹어요.

05 눈대중으로 만든 뻥튀기가 크기가 어느 정도 맞는지 그림에 대 보세요.

06 손으로 모양을 다듬어 완성해 주세요.

tip

❶ 스케치북 위에 비닐을 깔아 두면 아이들이 그림과 맞춰 보기 위해 몇 번을 대어 봐도 깨끗해서 안전해요.
❷ 얼굴을 마주보고 뻥튀기를 먹는 일명 사랑게임을 해 보세요. 사랑이 솟아 나요.

사고 발달 놀이 NO.39
두루마리 휴지 입체 그림

준비물
두루마리 휴지 심지, 가위, 풀
색종이, 스케치북
색연필(사인펜), 목공용 풀

놀이 나이
만 **4~6**세

> 이곳은 공룡이 살고 있는 미로입니다. 징검다리 동굴들을 지나 길을 잘 찾아보세요.

아이들 교구가 날이 갈수록 다양해지지만 하나같이 가격이 만만치 않으니 군침만 흘릴 뿐입니다. 이때 엄마들의 마음을 위로해 주는 만능 재료가 있습니다. 바로 두루마리 휴지 심지죠. 얼마나 요긴한지 새 두루마리 휴지만 보면 '언제 저걸 다 쓰고 심지를 이용한담?' 하는 생각이 들 정도입니다. 그럼 만능 두루마리 휴지 심지와 즐거운 만들기 세계로 떠나요.

Let's make it!

01 심지에 붙일 색종이에 풀을 칠해 주세요.

02 풀을 칠한 색종이를 심지에 돌돌 말아 붙여 주세요.

03 색종이를 다양한 색으로 준비하여 심지를 색색으로 붙여 주세요.

04 약 2cm 간격으로 가위로 잘라주세요.

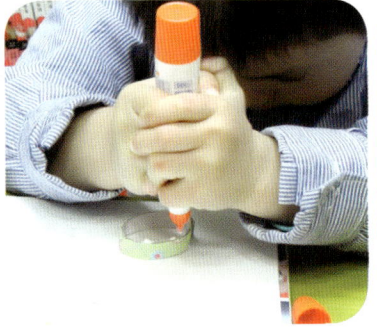

05 잘라둔 휴지 심지에 목공용 풀을 칠해서 스케치북에 붙여 주세요.
▶ 심지 모양을 꼭 동그랗게 유지할 필요는 없어요. 오히려 아이들에게 구기거나 접어서 원하는 모양을 만들어 보라고 하세요.

06 심지를 다 붙이고 사인펜이나 색연필 등으로 주변을 꾸며 주세요. 그리고 아이들에게 그림에 대한 설명을 부탁해 보세요.

tip

❶ 두루마리 휴지 심지를 자르며 다양한 모양을 만들어 보세요. 세모, 네모, 별 모양 등 다양한 모양을 손으로 만들 수 있어요.

사고 발달 놀이 NO.40

모래 케이크 놀이

준비물 모래, 생일초, 컵

놀이 나이 만 **2~5**세

형 생일 축하행

이번엔 재현이 네 생일 축하하자.

아이들은 빵집만 가면 케이크를 사 달라 하고 초를 꽂았다가 뺏다가 후후~
부는 것도 몇 번을 해야 하는지 몰라요.
365일 생일이고 싶은 아이들. 놀이를 통해서 그 마음을 풀어 주었어요.
손으로 만지작만지작, 흙을 만지며 노는 모래 놀이는 아이들 정서에도 매우 좋아요.
사실 놀이 후에 엄마가 치워야 하는 건 귀찮지만 놀 때만큼은 아이들이
마음껏 놀 수 있도록 해 주고 싶어요. 아이들과 생일 파티를 시작해 볼까요?

Let's make it!

01 모래를 동그란 그릇에 담아 주세요.

02 모래를 담은 그릇을 모래 위에 엎어 주세요.

03 그릇을 조심스럽게 빼내면 그릇 모양이 나와요.

04 손으로 토닥거려 케이크 모양을 잡아 준 후 교구 등으로 장식해 주세요.

05 생일 초를 꽂아 주세요.

06 아이들과 재미있는 생일 파티를 해 주세요.

tip

❶ 모래가 없다면 밀가루로 대신해 보세요. 초에 불을 붙이지 않고 놀아도 좋아요. 초에 불을 붙일 때는 위험하니 꼭 엄마가 지켜봐 주세요.

❷ 아이들과 놀이를 할 때 케이크를 여러 개 만들어 주면 더 좋아해요. 놀이 후 조그마한 빗자루를 이용해서 쓸어 주며 같이 정리하는 습관을 길러요.

사고 발달 놀이 NO.41
옷 염색하기

준비물: 흰 티, 염색물감, 붓, 종이, 가위, 유리테이프, 스펀지

놀이 나이: 만 4~6세

> 노란 유치원 버스를 타고 친구들과 소풍 가요.

> 빨간 자동차 타고 외갓집에 가는 거예요.

아이들이 꾸미고 싶은 옷을 만들어 보았어요. 수많은 캐릭터도 좋지만, 아이들이 즐겨 찾는 사물들을 옷에 담아 보려고 했어요. 직접 만든 옷을 입고 좋아하는 아이들. 아이들의 정성이 담겨서 더욱 예쁘고 오래 갈 수 있겠죠? 스탠실 기법까지 활용할 수 있어서 표현법도 배울 수 있답니다.

 **Let's make it!**

01 원하는 그림을 그리고 그림을 도려내듯 잘라 염색할 옷 위에 놓아 주세요.

02 준비한 염색 물감을 팔레트에 짠 후 스펀지에 묻혀 주세요.

03 물감 묻힌 스펀지를 그림 이미지 안쪽에 대고 꼼꼼하게 찍어 주세요.

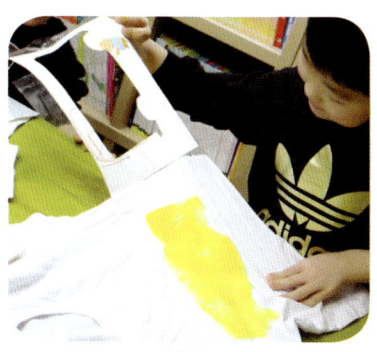

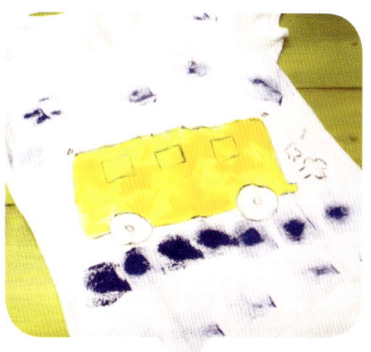

04 종이를 빼 주세요.

05 테두리를 그려 주세요.

06 그림 주위에 꾸미고 싶은 대로 스펀지를 찍으면 됩니다.

 **tip**

❶ 아이들이 스펀지와 그림틀을 모두 손에 잡고 해야 하니까 힘 조절이 어려울 수 있어요. 이때는 그림틀을 티셔츠에 테이프로 붙여 주면 됩니다.
❷ 아이들이 꾸미고 난 옷은 꼭 한 번 빤 후에 입혀 주세요.

사고 발달 놀이 NO.42

텔레비전 속 물감 놀이

준비물 검은 비닐, 물감, 넓은 붓

놀이 나이 만 **5~7** 세

> 난 손바닥으로 쓱쓱쓱 문질러 그렸어요.

> 난 손가락으로 샥샥샥 그렸죠.

거실에서 마음껏 놀 수 있도록 물감 놀이를 해 봤어요. 손바닥에 물감을 가득 묻혀서 그림도 그려 보고 손으로 쓱싹 지워도 보고 손바닥으로 물감을 덮은 후에 손가락으로 그림을 그려 보기도 했어요. 텔레비전 속에서 이야기가 튀어나오는 것처럼 그렸다 지웠다 물감 놀이를 즐기다 보면 다양한 이야기가 만들어진답니다.

Let's make it!

01 물감은 여러 색을 다양하게 짜 주세요.

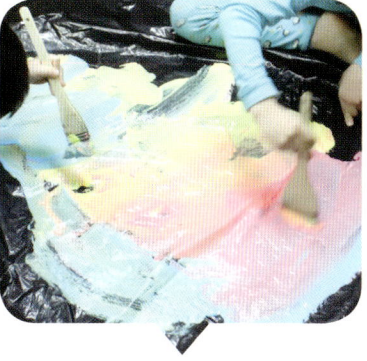

02 붓으로 물감을 퍼 주세요.

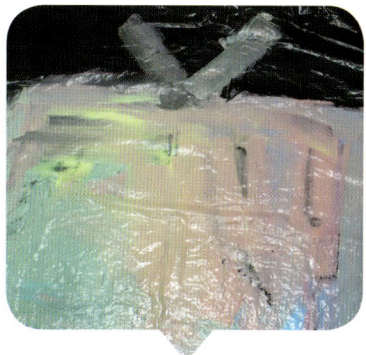

03 TV 모양이 되게 그림을 그려 주세요.

04 손가락으로 원하는 그림을 그려 보세요.

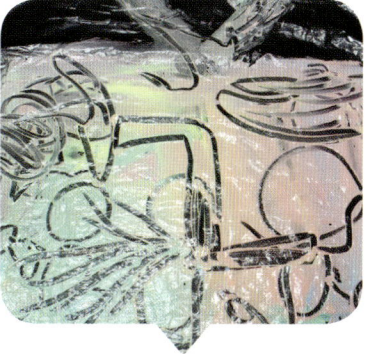

05 아이들이 그림을 완성한 후에는 이야기를 만들어 보세요.

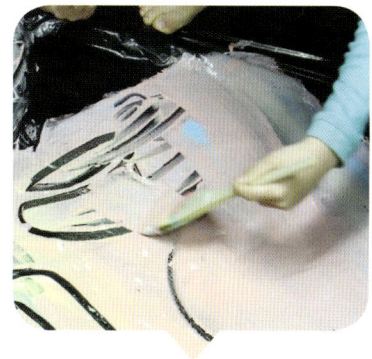

06 다른 그림을 원한다면 다시 붓으로 칠해 주면 지워진답니다.
▶ 창의력이 솟아나도록 마음껏 여러 그림을 그리도록 해주세요.

tip

❶ 둘 이상의 아이가 함께 놀 때는 협동 그림을 그려도 되지만 각자 그림 그리는 공간을 나눠 지정해 주세요. 그러면 싸우지도 않고 서로 잘 그리기 위해 신경을 써서 선의의 경쟁도 된답니다.

2장 사고 발달 놀이

사고 발달 놀이 NO.43

내가 만들어 꾸미는 스티커 놀이

준비물
스티커 색종이
스케치북, 가위

놀이 나이
만 **2~5**세

> 깜깜한 밤에 뱃길을 알려주는 등대야. 어때, 멋지지?

> 내꺼도 멋져

돌이 지날 무렵부터 아이들에게 스티커를 많이 사 주게 돼요. 캐릭터 이미지 스티커를 학습지에 붙이는 것만으로도 아이들에게 재미를 더해 줄 수가 있답니다. 틀에 박혀 있는 스티커보다 내가 생각하고 내가 꾸미고 싶은 스티커도 분명히 있을 거예요. 아이들이 직접 만들어 붙이는 스티커로 다양한 그림을 표현해 볼까요?

Let's make it!

01 여러번 떼었다 붙일 수 있는 스티커 색종이를 준비해 주세요.

02 가위로 아이들이 꾸미고 싶은 모양으로 오려 주세요.

03 ②의 색종이 뒤에 붙은 스티커 종이를 떼어 냅니다.

04 스케치북에 꾸미고 싶은 대로 붙여 주세요.

05 7살 재현이가 표현한 등대

06 4살 재훈이가 꾸민 모양 세상
▶ 아이들이 무엇을 표현한 건지 이야기를 나눠 보세요.

 **tip**

❶ 생각한 대로 모양을 오리는 것은 아이들 손 근육 발달에도 좋답니다. 2세 이전 아이들은 가위질이 조금 서툴지만, 색종이를 모양대로 오리는 건 할 수 있어요. 스티커를 떼는 건 어려울 수 있으니 엄마가 반만 뜯어서 아이가 마지막까지 뜯을 수 있도록 해 주세요.

사고 발달 놀이 NO.44
12간지 띠 알기

준비물 코팅지, 출력한 12간지 동물 이미지, 양면테이프, 자석, 우드락

놀이 나이 만 **5~7**세

> 멍멍, 나는 강아지띠
>
> 나는 송아지띠, 음매

아이들은 동물을 소재로 놀이를 해 주면 훨씬 쉽게 이해를 하는 것 같아요. 아이들과 교구를 만들어 주고 놀이까지 해 준다면 12간지 띠도 쉽게 외울 수 있고 집중력도 키울 수 있어요. 단순한 암기가 아닌 놀이를 통해 12간지를 쉽게 받아들이고 오랫동안 기억한답니다.

Let's make it!

01 12간지를 출력해서 코팅해 주세요.

02 12간지가 한꺼번에 나와 있는 이미지도 출력해서 코팅해 주세요.

03 ②에 칼집을 살짝 넣어서 병풍처럼 앞뒤로 접어 주세요.

04 우드락에 ①을 양면테이프로 붙여 주세요. 그런 다음 자석을 뒤쪽에 붙여 주세요.

05 우드락으로 만든 동물 이미지를 바닥에 놓고 나서 엄마들이 동물 소리를 내고 아이들이 발로 이동하는 놀이로 응용해 보세요.

06 응용한 놀이를 생각하면서 자석보드판 위에 12간지를 순서대로 붙여 주세요.

tip

❶ 자석보드 위에 12간지를 붙여 놓고 동물 이미지를 보면서 따라 그려 본다면 12간지를 더 쉽게 기억할 수 있어요.

❷ 0~2세 아이들이라면 동물 이미지를 바닥에 놓고 엄마가 동물들의 특징을 흉내내면 아이가 발로 맞추는 놀이를 해보세요.

사고 발달 놀이 NO.45

먹지 그림

준비물 먹지, 색연필, 유리테이프, 연필, 막대

놀이 나이 만 3~5세

먹지 하면 어릴 때 생각 많이 나죠? 먹지는 문구점에서 쉽게 구입해서 이용할 수 있어요. 먹지를 이용해서 아이들이 나타내고자 하는 그림을 그려 보기도 하고 나만의 색칠 공부를 꾸며도 좋답니다. 집중해서 아이들이 그림을 그리는 모습을 지켜볼 수 있어요.

 **Let's make it!**

01 먹지 한 장을 준비해 주세요.

02 스케치북에 먹지를 올리고 나무 막대나 연필로 그어 봅니다.
▶ 그리는 대로 나타나는 먹지의 특징을 아이들에게 설명해 주세요.

03 먹지의 특징을 알았다면 그림을 자유롭게 그려 보세요.

04 '짠' 하는 동작과 함께 먹지를 걷어 보세요. 아이들이 무척 신기해한답니다.

05 먹지로 그린 그림 위에 색을 입혀 주세요.

06 멋진 그림이 완성되었어요.

 **tip**

❶ 먹지 위에 그림을 그리면 아이들이 그리는 동안 그림을 볼 수가 없어서 무척 궁금해해요. 그래서 완성 그림을 보면 마술을 부린 듯 좋아해요.
❷ 어린아이들은 아직 먹지를 잡고 그리는 힘이 부족해요. 먹지를 유리테이프로 고정해 주세요.

사고 발달 놀이 NO.46

올록볼록 투명 입체 그림

준비물
포장용 에어캡(뽁뽁이)
아크릴물감, 붓, 물

놀이 나이
만 3~6세

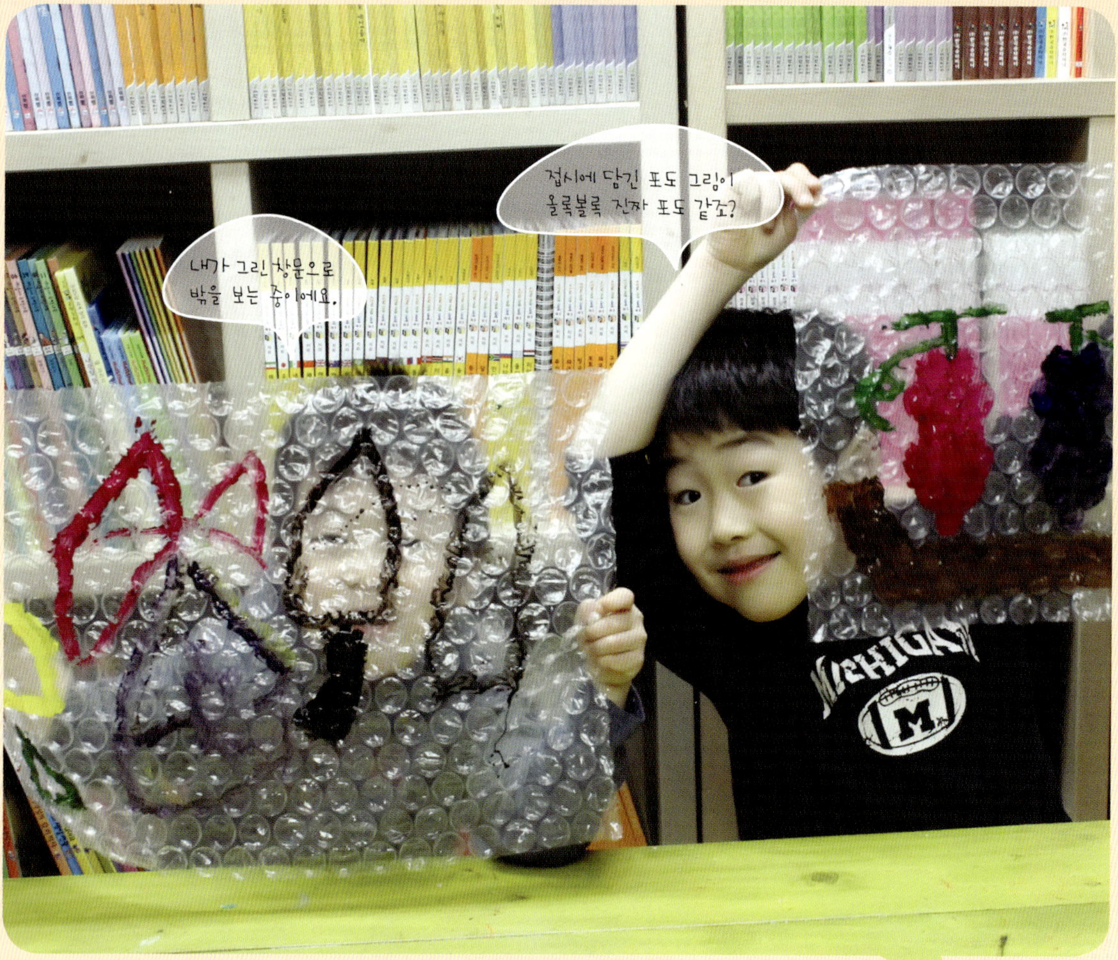
접시에 담긴 포도 그림이
올록볼록 진짜 포도 같죠?
내가 그린 창문으로
밖을 보는 중이에요.
MICHIGAN
M

택배를 받게 되면 제품을 보호하기 위해서 에어캡, 일명 뽁뽁이가 들어 있어요. 예전엔 그냥 터뜨리며 놀았는데, 무작정 터뜨리는 것보다 다른 용도로 활용하면 좋겠다는 생각이 들었어요. 아이들과 함께 에어캡을 이용해서 촉감도 느껴 보고 그림도 그려 보면 색다른 입체적인 이미지를 느낄 수 있어요.

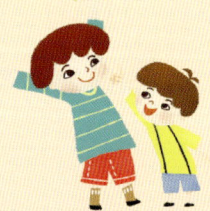

Let's make it!

01 에어캡을 준비해 주세요. 그림 그리고 표현하기에는 공기 칸이 굵은 에어캡이 좀 더 나아요.

02 공기 칸을 터뜨려도 보고 만져도 보면서 볼록한 느낌을 느껴 보세요.

03 에어캡의 느낌을 느꼈다면 뒤집어서 평면에 아크릴물감으로 그려 주세요.

04 아이들만의 느낌을 표현한 그림을 완성시켜 주세요.

05 다 그렸으면 전등불 사이로 그림을 비춰 보세요. 아이들이 색을 입힌 사이로 색깔 빛이 느껴진답니다.

06 그림을 가까이서도 보고 먼 곳에서도 볼 수 있도록 해주세요. 가까이서 보면 잘 모르지만 멀리서 보면 그림이 더 멋지게 보인답니다.

tip

❶ 에어캡에 그리는 것이 어렵다면 투명 비닐이나 필름지를 이용해서 아이들이 원하는 캐릭터 등을 직접 그려 보는 것도 좋아요.

사고 발달 놀이 NO.47

음악을 그림으로

준비물 크레파스, 음악, 스케치북, 파스텔, 색연필

놀이 나이 만 **2~5**세

> 밝고 아름다운 피아노 클래식인 쇼팽의 <즉흥환상곡>을 듣고 알록달록한 피아노 건반을 그렸답니다.

아이들도 엄마도 하루하루 바쁘게 살다 보니 음악을 들으면서 마음을 돌아보는 시간을 갖는 게 참 어려운 것 같아요. 아이들에게 음악을 틀어 주고 율동을 따라하거나 노래를 불러보는 건 많이 해 봤다면 이번에는 그 음악에 대해서 좀 더 깊이 생각해 보고 음악을 표현해 보는 건 어떨까요?

Let's make it!

01 그림을 그릴 재료를 준비해 주세요.

02 음악을 선정한 후에 아이들이 눈을 감고 음악을 즐길 수 있도록 해 주세요.

03 음악을 듣고 난 후 그 느낌을 이야기하고 아이들이 느낌에 따라 재료를 선택합니다.

04 이제 그 느낌을 그림으로 표현해 보세요.

05 어떤 특정한 형태가 아니어도 괜찮아요.

06 그림으로 어떤 느낌, 생각을 표현한 것인지 이야기를 나누어 주세요.

 **tip**

❶ 같은 음악이라도 아이들은 각자 다른 생각과 마음을 표현한답니다. 그리고 눈을 감고 순수한 아이들의 음악 이야기 속으로 같이 빠져 보세요. 마음도 한결 가벼워져요.

❷ 0~2세 아이들이라면 아직 깊은 이야기를 나누기 쉽지 않죠. 동요를 틀어 놓고 아이들과 함께 불러보는 시간을 가져 보세요.

사고 발달 놀이 NO.48
지역 특산물 알기

준비물
우리나라 지도, 폼보드
지역별 특산물 이미지
코팅지, 자석, 자석보드
양면테이프, 벨크로 테이프

놀이 나이
만 **4~6**세

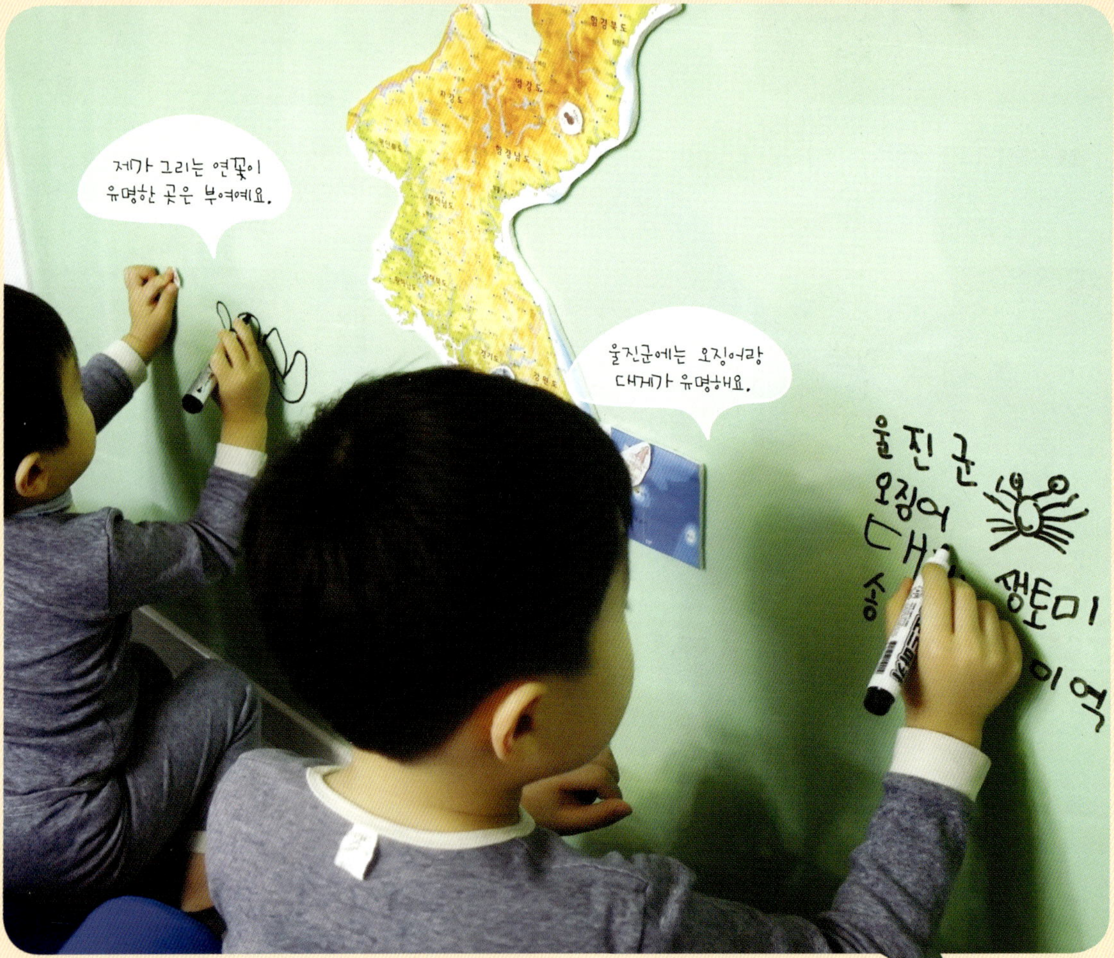

제가 그리는 연꽃이 유명한 곳은 부여예요.

울진군에는 오징어랑 대게가 유명해요.

학교에서 사회 책에 항상 나왔던 지역 특산물. 그땐 무작정 외운 것 같아요.
아이들이랑 각 지역을 다니면서 알아간다면 가장 좋겠지만 그렇게 전국 방방곡곡을
다니는 건 쉽지 않죠. 어느 지역에서 어떤 특산물이 나는지 기억하기 쉽도록
엄마표 교구를 만들어 보세요. 만들고 이야기하는 동안 자연스럽게
지역 특산물에 대해 알 수 있어요.

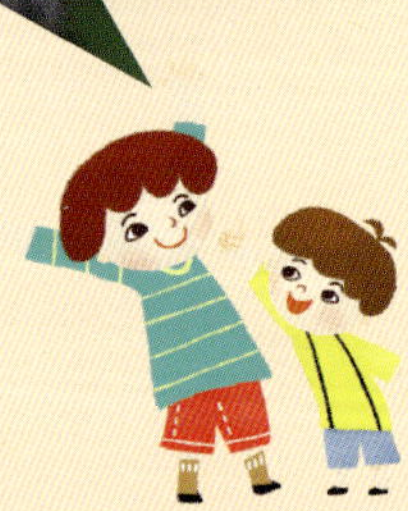

Let's make it!

01 우리나라 전국 지도를 준비해 주세요.

02 지역별 특산물 이미지를 잘라 주세요.

03 폼보드지 위에 지도를 양면테이프로 붙여 주세요.

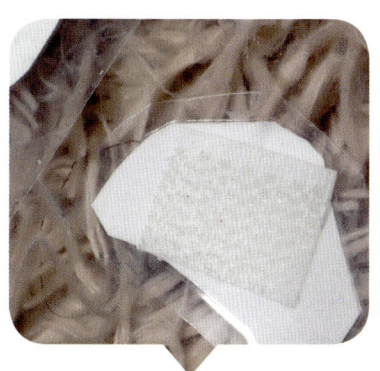

04 지역 특산물의 이미지를 코팅해서 벨크로 테이프를 붙여 주세요.

05 지도 위에도 지역별로 벨크로 테이프를 붙여 주세요.

06 폼보드 뒷면에 자석을 붙여 주세요.

07 지역별로 특산물을 붙이면서 아이들과 지역 특성에 대해 이야기해 보세요.

 **tip**

❶ 책을 펼쳐 놓고 책에 나온 과일이나 지역 특산물을 차근하게 찾아보면서 이야기를 해주면 좋아요. 책이 어려우면 과일 등을 먹으면서 하나씩 알려주면 금방 이해하게 된답니다.

사고 발달 놀이 NO.49
우드락 판화

준비물 우드락, 꼬치용 나무 롤러, 종이, 물감

놀이 나이 만 **3~5**세

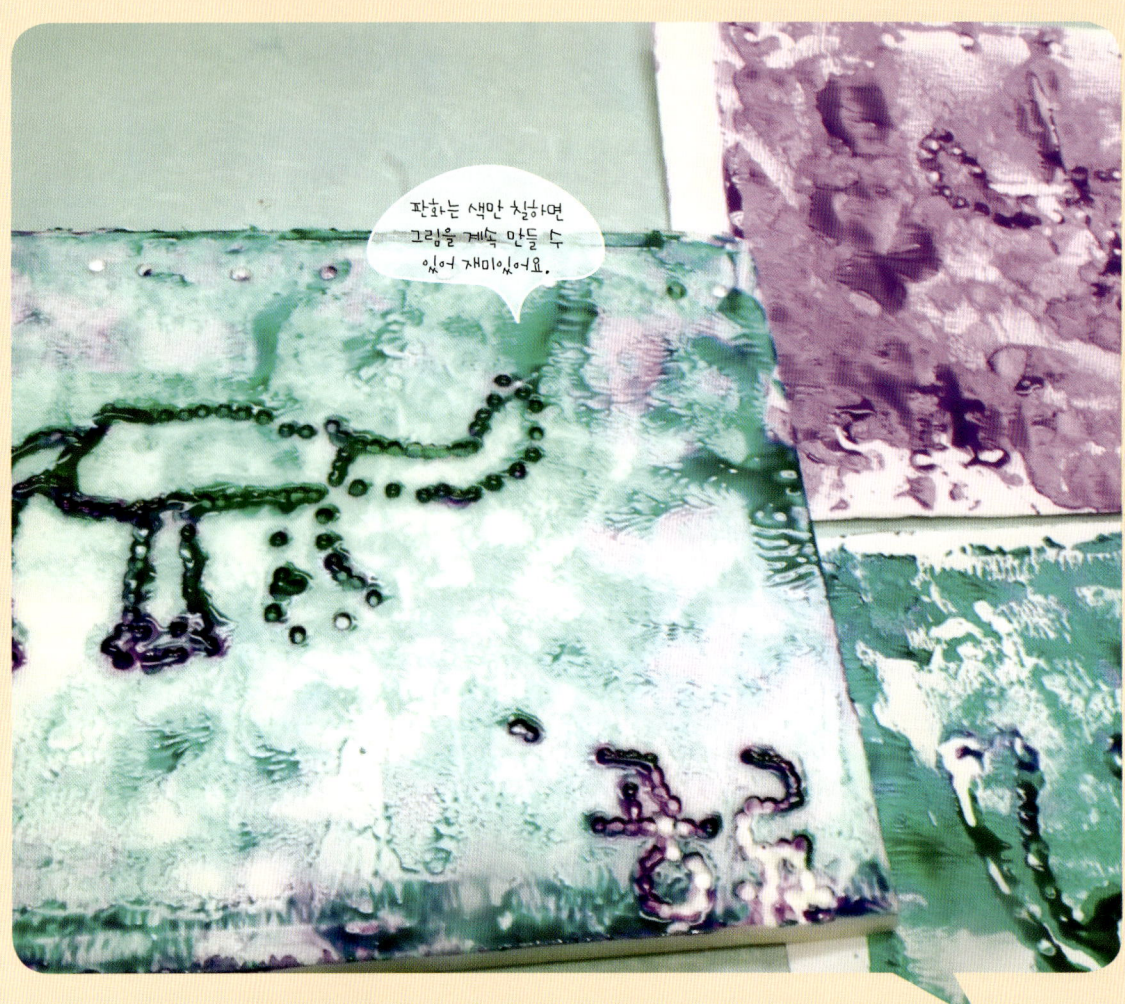

판화는 색만 칠하면 그림을 계속 만들 수 있어 재미있어요.

우드락은 엄마표 교구를 만들 때 많이 쓰이는 재료예요. 우드락을 콕콕 눌러 보면 아이의 촉감을 발달시킬 수 있어요. 우드락 탐색을 끝낸 다음에는 판화를 만들어 보세요. 똑같은 그림을 여러 장 찍어 내다 보면 판화의 특징을 자연스럽게 알 수 있어요. 물감으로 마음껏 찍어 내다 보면 하나의 그림이 여러 장이 되는 마법 같은 일을 경험할 수 있답니다.

Let's make it!

01 우드락을 잘라 주세요.

02 우드락을 꼬치용 나무로 콕 콕 찍으면서 그림을 그려 주세요.

03 우드락 위에 찍은 점들을 이어 주면 그림이 돼요.

04 롤러에 물감을 묻혀 주세요.

05 우드락 위에 물감을 고루 묻혀 주세요.

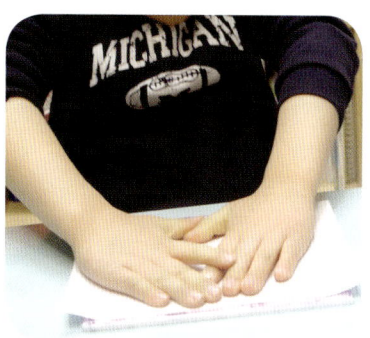

06 종이를 위에 덮어서 찍어 주세요.

07 종이를 살짝 들어서 펼치면 그림이 나타나요.

 **tip**

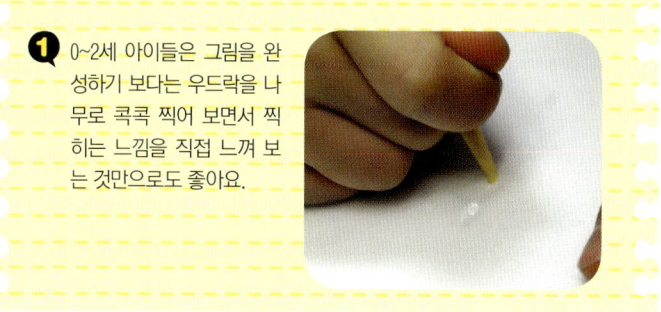

❶ 0~2세 아이들은 그림을 완성하기 보다는 우드락을 나무로 콕콕 찍어 보면서 찍히는 느낌을 직접 느껴 보는 것만으로도 좋아요.

2장 사고 발달 놀이 131

사고 발달 놀이 NO.50

은박지로 꾸미는 그림

준비물 여러 가지 색의 매직 포일

놀이 나이 만 3~5세

말풍선: 번쩍 번쩍 진짜 살아 있는 괴물 같이 위협적이죠?

말풍선: 올록볼록 느낌이 재미있어요.

늘 종이에 그림을 그리는 대신 색다른 재료를 이용해 본다면 똑같은 그림 그리기라도 아이들에게는 더욱 신나는 체험이 될 수 있어요. 주방에 있는 포일이 스케치북으로 변신합니다. 찢어지지 않게 조심조심, 매직으로 꾹 눌러가면서 포일 위에 그림을 그려 볼까요? 매끈한 종이가 아니라 올록볼록한 포일에 그림을 그리면 어떻게 나타나는지 차이를 알 수 있어요. 또 찢어지지 않도록 조심하느라 집중력이 길러진답니다.

Let's make it!

01 포일을 접고 또 접고 살살 접어 주세요.

02 접은 포일을 조심스럽게 펴 주세요.

03 울퉁불퉁해진 포일 위에 매직으로 그림을 그려 주세요.

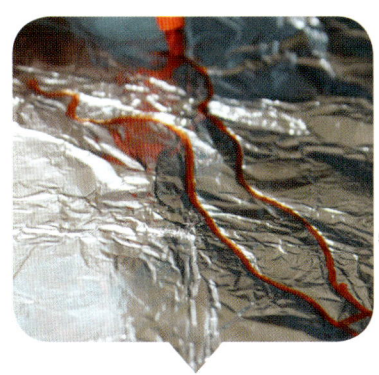

04 매직으로 포일을 꾹꾹 누르며 그리면서 올록볼록한 촉감을 느껴 보세요.

05 아이들의 그림이 올록볼록한 포일 위에서 빛나면서 생동감 있게 느껴진답니다.

06 작품이 완성되었어요.

 **tip**

❶ 아이들이 포일 위에 그림을 그릴 때 아무리 집중을 해도 힘 조절이 잘 안 되어 포일이 찢어질 수 있어요. 찢어진 그림 사이로 살짝 비춰 보면 아이들이 더 좋아해요. 포일이 찢어졌다고 실패한 그림이 아니라 거기에서 색다른 재미를 찾으려는 아이들의 순수한 마음을 엿볼 수 있어요.

사고 발달 놀이 NO.51

나만의 신문지옷

준비물 신문지, 색종이, 가위, 풀

놀이 나이 만 **2~5**세

> 동화책에서 본 요정 모자가 생겼어요.

> 모자에 조끼까지 한 벌로 맞춰 입었어요.

신문지는 정말 아이들이 손쉽게 이용하고 가지고 놀 수 있는 좋은 재료랍니다. 구하기도 쉽고 부담없이 놀이에 응용을 할 수 있죠. 의식주 중에 빠질 수 없는 옷! 아이들만의 멋진 옷을 신문지로 만들어 봐요.
찢어질 듯 말 듯 얇은 신문지로 어떻게 표현할지 고민하며 창의력을 발휘해 보는 것도 좋겠죠~

Let's make it!

01 신문지를 준비해 주세요.

02 배를 접는 모양으로 신문지를 접어 모자를 만들어 주세요.

03 만든 모자를 한 번 써 보고 아이들한테 맞도록 접어서 조절해 주세요.

04 다른 신문지 한 장의 양쪽을 접어서 옷을 만들어 주세요.

05 팔을 넣을 수 있도록 원을 그려서 자르면 조끼가 만들어져요.

06 아이들 취향에 맞게 꾸며 주세요. 모자와 조끼가 완성되었어요.

 **tip**

❶ 놀이를 하고 나서 신문지 옷을 입은 아이들과 함께 모델 놀이를 해보세요. 같은 옷이라도 아이들마다 표정은 다르게 나온답니다.

❷ 0~2세 아이들은 아직 손의 힘이 약해서 정확하게 접지 못해요. 엄마가 옆에서 신문지를 잡아 주면서 같이 만들어 주면 좋아요.

사고 발달 놀이 NO.52
자동차 그림

준비물 색지, 흰 종이, 장난감 자동차 물감, 가위, 풀

놀이 나이 만 **3~5**세

> 비오는 날 자동차가 도로 위를 쌩쌩 지나가는 모습이에요.

부릉부릉~ 아이들이 좋아하는 장난감 자동차 놀이. 이리저리 밀면서 하루종일 놀기도 해요. 이런 장난감 자동차로 아이들과 미술 놀이를 할 수 있습니다. 아이들이 특히 좋아하는 장난감이라 아이들이 다른 놀이에 비해 매우 적극적이랍니다. 집에 있는 모든 장난감 자동차를 모아서 바퀴 모양을 확인하고 자동차 바퀴로 그림을 그려 보세요.

Let's make it!

01 장난감 자동차를 여러 개 준비해 주세요.

02 자동차 바퀴를 보세요. 바퀴 모양을 비교해 보세요.

03 물감을 짜고 그 위에 장난감 자동차를 올려 주세요.

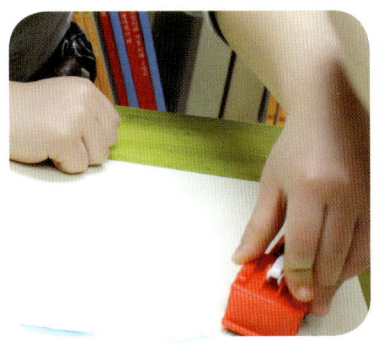

04 물감을 고루 묻힌 후 흰 종이 위에 자동차를 굴려 보세요.

05 자동차가 경주를 하는 것처럼 표현되었어요.

06 물감이 마르면 가위로 다양한 모양으로 잘라 주세요. 색지 위에 붙여서 꾸며 주면 됩니다.

tip

❶ 큰 전지에 레일을 그려 주고 물감 묻힌 자동차로 신나게 경주를 해보세요. 물감 만지기를 싫어하는 아이도 자동차 물감 놀이는 즐겁게 할 수 있어요. 놀이 후엔 자동차를 물에 씻어 주면 됩니다. 단, 자동차에 모터가 달린 자동차는 물에 넣으면 고장이 날 수 있으니 주의해 주세요.

2장 사고 발달 놀이

사고 발달 놀이 NO.53

엉금엉금 거북이

준비물
컵라면 용기, 색종이, 가위, 철사, 스티로폼 공, 펠트지, 눈알장식

놀이 나이
만 **3~5**세

> 세상에서 가장 빠른 거북이 '둥둥'이에요.

> 난 거북이 모자

놀이를 하다 보면 꾸미고 노는 것도 좋지만 움직임이 있는 것에 아이들은 더욱 흥겨워하고 잘 반응해요. 책에 나오는 거북이는 엉금엉금 걷고 등이 딱딱하며 무늬가 있죠. 아이들도 거북이는 자주 보니 그 특징을 잘 알고 있을 거예요. 거북이 모양을 만들어 보고 거북이의 모습 그대로 움직임을 더한다면 하나밖에 없는 거북이가 될 거예요.

Let's make it!

01 펠트지로 거북이 꼬리, 다리 모양을 잘라 주세요.

02 컵라면 용기에 ①에서 자른 모양을 붙이고 눈알 장식까지 붙여 주세요.

03 거북이 등에 색종이를 붙여 모양을 내 주세요.

04 철사를 구부려서 스티로폼 공 중앙 부분에 끼워 주세요.

05 컵라면 양쪽에 구멍을 내어서 고무줄로 철사를 연결해서 끼워 주세요.

06 아이들이 꾸민 거북이 완성! 거북이를 뒤로 잡아서 손을 놓아 주면 슝~ 거북이가 움직여요.

tip

❶ 거북이는 전래동화, 자연관찰, 그리고 한국사에서 우리에게 친숙한 동물이에요. 직접 만들어서 움직이는 장난감은 의욕도 자신감도 높여준답니다.

❷ 아이들이 어리면 거북이의 등껍질을 붙이기가 어려울 거예요. 그럴 땐 스티커를 붙이거나 펜을 이용해서 그려보면서 표현해도 좋아요.

2장 사고 발달 놀이

사고 발달 놀이 NO.54

무엇이 숨어 있을까요?

준비물 캐릭터 포장지, 빈 상자, 코팅지, 유리테이프, 가위, 펠트지

놀이 나이 만 **2~5**세

> 형, 무서운 거 아니야?

> 딱딱하고 매끈매끈한데, 이게 뭐지?

텔레비전에서 복불복 놀이, 보셨어요? 아이들과 함께 보다가 까르륵 웃었어요. 아이들이 "엄마, 우리도 하고 싶어요"라고 말하더라고요. 보는 건 재미있지만 막상 하려고 하면 무엇이 들어 있는지 모르는 상태에서는 사실 겁이 많이 나죠. 아이들이 무서워하지 않도록 재미있게 이끌어 주면서 게임 형식으로 즐기면 좋답니다. 손으로 느껴 보는 촉감을 통해 아이들이 머릿속에서 연상을 하면서 추리를 해보는 사이 사고의 깊이가 더 깊어진답니다.

Let's make it!

01 박스 위에 손을 넣을 구멍을 뚫어 주세요.

02 앞뒤 부분을 네모 모양으로 잘라 주세요.

03 ②중 앞쪽만 코팅지로 붙여 주세요.

04 캐릭터 포장지로 박스를 예쁘게 붙여 주세요.

05 펠트지를 손만 넣을 수 있고 안이 보이지는 않도록 구멍에 붙여 주세요. 앞쪽에도 펠트지로 꾸며 주세요.

06 아이들이 뒤를 돌아 서 있으면 호기심 가득한 물건을 넣어 주고 손을 넣어 맞춰 보아요.

tip

❶ 아이들은 겁이 많아요. 안 보이는 상태에서 무엇인가를 만지고 느끼는 것을 많이 두려워한답니다. 오징어나 움직이는 생물에 대해서는 먼저 눈으로 보고 만지게 해주세요. 아이들의 눈높이에 맞추어서 주위에서 구할 수 있는 공, 쌀, 과일 등 안전한 재료를 가지고 놀게 해주세요.

❷ 만들 때 박스 앞에 투명창을 해주면 상대방 손의 움직임을 볼 수 있어서 서로서로 재미를 더할 수 있답니다. 별로 흥미 없어 하면 아이들이 좋아하는 간식을 넣어 보세요. 정말 잘 맞춘답니다. 아이들의 호기심을 잡아 준 후에 놀이를 이끌어 주세요.

사고 발달 놀이 NO.55

커피 뚜껑으로 만든 물안경

준비물 커피 음료 뚜껑, 고무줄, 스티커, 칼, 끈

놀이 나이 만 4~6 세

물안경에 후드 모자까지 쓰니 진짜 뽀로로 같죠?

난 멋진 박태환 선수

커피 음료 통은 뚜껑이 예뻐서 하나둘씩 모으다 보니 물안경을 만들면 좋을 것 같았어요. 아이들과 같이 물안경을 만들어 보고 써 보니 뽀로로 같다고 서로 보면서 얼마나 웃었는지 몰라요. 수영도 아직은 서툴지만 박태환 선수처럼 멋지게 수영하는 폼을 보여 주더라고요. 수영장에서 멋지게 수영을 하며 경기를 하는 상상 놀이를 즐기다 보면 아이들의 생각도 점점 다양해져요.

Let's make it!

01 커피 음료 뚜껑을 준비해 주세요.

02 뚜껑의 빨대 구멍에 고무줄을 연결해 주세요.
▶ 투명 뚜껑이면 좋아요.

03 안경 중앙 부분에는 커피 뚜껑에 칼집을 넣어서 끈으로 살짝 연결해 주세요.

04 색종이로 끈을 감싸 주세요.

05 스티커나 색종이를 붙여 안경을 꾸며 주세요.

06 아이들의 스타일대로 완성하면 된답니다.

tip

❶ 아이들과 놀이를 할 때는 재료의 선택이 중요해요. 아이들의 얼굴에 닿는 부분이므로 커피 뚜껑에 거친 부분은 없는지 먼저 확인을 해 주세요. 아이들은 피부가 약해서 긁히지 않도록 조심해야 하거든요. 부드러운 천으로 뚜껑을 둘러 주어도 좋아요.

❷ 스티커는 시야를 가리지 않도록 뚜껑 옆면을 꾸밀 때 쓰도록 하세요. 아이들은 직접 눈으로 확인하는 것을 좋아하기 때문에 앞쪽에 스티커를 붙이면 직접 써 보고 잘 보이지 않는다는 것을 느낄 수 있도록 해 주고 다시 꾸며 주면 됩니다.

사고 발달 놀이 NO.56
나만의 부채 만들기

준비물 골판지, 사인펜, 부채틀, 가위, 풀, 글루건

놀이 나이 만 2~5세

> 난 바람의 요정 내가 바로 바람을 만들어 주는 요정이에요.

> 이렇게 머리 위에 부채를 올리면 꼬끼오 하는 수탉이 돼요.

요즘은 여름이 정말 너무 더워요. 특히 어른보다 체온이 높은 아이들은 에어컨, 선풍기 앞에서 떨어지질 않습니다. 하지만 엄마 입장에서는 냉방병, 여름감기 걱정에 마냥 그런 아이들을 두고 볼 수 없어요. 그래서 생각해 낸 것이 부채입니다. 아이들이 스스로 바람을 만들 수 있는 부채를 창의력을 발휘해 만들어 보는 것이죠. 부채질을 하며 바람의 요정이 되었다가 하늘을 나는 새가 되었다가 홰를 치는 닭도 되는 등 창의력 넘치는 놀이와 연결할 수 있어 좋답니다.

Let's make it!

01 스케치북과는 다른 골판지. 만들기 전에 재료의 특성을 손으로 느껴 보세요.

02 원하는 틀을 이용하여 골판지 위에 그림을 그려 주세요.

03 골판지 두 장을 겹쳐서 풀, 글루건으로 맞대어 붙여 주세요.

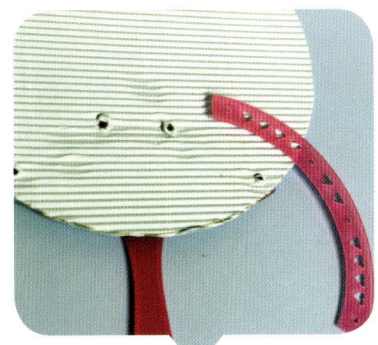

04 골판지를 잘라서 부채틀에 끼어 주세요.

05 그림을 그려 부채를 꾸며 주세요.

06 그리기가 어렵다면 전단지를 잘라서 붙여 주면 좋답니다.

 **tip**

❶ 부채틀이 없다면 아이들이 좋아하는 캐릭터 이미지가 있는 DVD 케이스, 스케치북 겉 장, 장난감 포장 박스 등 딱딱한 종이에 일회용 숟가락을 마주 보게 붙여주면 부채가 간단하게 완성됩니다.

❷ 가위, 바위, 보를 해서 각자 만든 부채로 서로 부채질도 해주고 어떤 부채가 더 시원한지 느껴 보기도 하면서 더위를 식혀 보는 것도 좋겠죠.

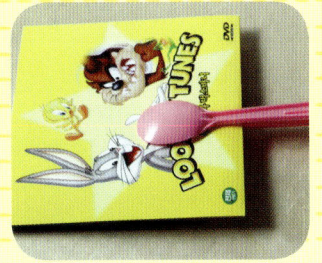

2장 사고 발달 놀이

사고 발달 놀이 NO.57

종이가방 가면

준비물 종이가방, 가위, 색종이, 사인펜

놀이 나이 만 **2~4**세

집에 가득 쌓여 있는 종이가방. 모아 두었다가 아이들과 가면놀이를 하면서 놀아 보세요. 아이들 머리에 들어갈 정도의 폭만 있으면 멋진 가면이 탄생한답니다. 아이들이 직접 써 보기도 하고 벗기도 하고 서로가 꾸민 가면을 보면서 웃어 보기도 하고 꾸미기를 통해서 상상력이 발달한답니다.

Let's make it!

01 아이들 얼굴, 머리 크기에 맞는지 직접 종이가방을 써 보세요.

02 눈을 뚫을 구멍의 위치를 아이와 함께 연필로 체크해 주세요.

03 종이가방을 책상 위에 놓고 눈 부분을 잘라 주세요. 다시 써보고 위치가 맞는지 확인해 보세요.

04 색종이를 붙이고 그림을 그려 가면을 꾸며 주세요.

05 다 꾸몄으면 종이가방을 써 보세요.

06 구멍 사이에 비친 상대방의 모습을 보면서 서로 어떤지 이야기를 나누어 보아도 좋답니다.

tip

1 만들고 난 후 아이들은 호기심에 종이가방 속 눈을 찔러 보기도 해요. 절대 그런 행동을 해서는 안 된다는 것을 알려주고 안전에 유의해 주세요.

2 0~2 세 아이들은 괴물이나 도깨비 모습을 만들어서 엄마들이 놀래 주면 겁을 먹고 울어 버려요. 가면을 만들 때는 아이들에게 익숙한 동물 모양을 꾸미며 까꿍 놀이를 해주면 좋답니다.

사고 발달 놀이 NO.58

이야기가 있는 텔레비전

준비물
빈 상자, 집게, 글루건, 병뚜껑 두 개, 일회용 커피 빨대 스티로폼 볼, 캐릭터 포장지 색지, 색연필

놀이 나이
만 **3~6**세

> 텔레비전에 내가 나왔으면 정말 좋겠너~

> 텔레비전에서 무슨 소리가 날까?

아이들이 캐릭터에 빠져서 텔레비전 앞에만 있는 게 걱정되나요?
아이들만의 텔레비전을 만들어서 응용해 보는 건 어떨까요?
텔레비전 틀을 만들어 주고 이야기는 아이들이 꾸며 가는 방법이라서
창의력 발달에 많은 도움이 된답니다.

Let's make it!

01 빈 상자를 준비해 주세요.

02 일회용 커피 빨대 끝에 스티로폼 볼을 붙여 주세요. 안테나로 활용할 수 있답니다.

03 모니터를 표현하기 위해서 상자 앞쪽을 잘라 주세요.

04 아이들이 좋아하는 포장지로 상자를 꾸며 주세요.

05 상자 속에 집게를 붙여 주세요.

06 안테나도 붙여 주고, 병뚜껑으로 채널을 만들어 주세요.

07 색지를 준비해서 아이들이 그림을 그리면 안쪽에 붙여 주세요.
▶ 빨대 안테나 끝에 스티로폼 공 등을 끼워서 아이들이 다치지 않게 해 주세요.

 **tip**

❶ 아이들이 그린 그림을 집게를 이용해서 붙여 가면서 그림을 보고 이야기를 꾸미며 놀 수 있어요.
❷ 같은 그림이라도 아이들이 이야기하는 내용은 매번 달라진답니다.

2장 사고 발달 놀이

사고 발달 놀이 NO.59

오늘은 내가 요리사

준비물 점토, 교구, 가위, 주방용품 장난감(식기로 대체 가능)

놀이 나이 만 **4~6**세

> 형이랑 내가 만들었어요.

> 문어는 삶고 생선은 구웠어요.

아이들은 남자 아이 여자 아이 할 것 없이 조물조물 식재료를 만져보며 요리하는 것을 좋아합니다. 손끝에서 느껴지는 촉감을 즐기고 요리를 완성하며 성취감을 느끼는 것 같아요. 그렇다고 진짜 요리 재료로 하다보면 집 안이 온통 재료 부스러기로 엉망이 되어 버립니다. 이럴 때 좋은 것이 점토를 이용한 요리 놀이입니다. 점토로 아이들이 식재료를 직접 만들고 주방 놀이도구로 조리 과정까지 완벽하게 재연하면 요리 완성. 오늘은 아이들에게 저녁을 맡겨 볼까요?

Let's make it!

01 교구와 점토를 준비해 주세요.

02 점토를 동그랗게 빚어주세요.

03 그 위에 교구를 살짝 눌러 모양을 찍어 주세요.

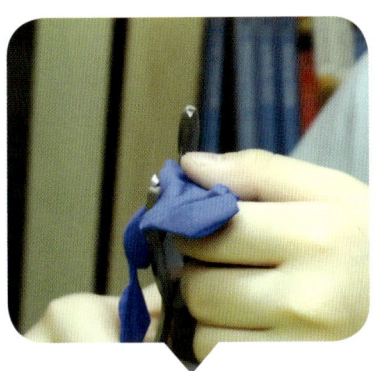

04 가위로 찍힌 교구의 모양대로 잘라 주세요.

05 점토로 만든 식재료예요.

06 식재료를 맛있게 요리해서 식판에 담으면 맛있는 요리 완성.

 **tip**

❶ 요리를 만들며 아이가 엄마가 되고 엄마가 아이가 되는 역할 놀이를 해 볼 수도 있어요. 물도 따라주고, 밥도 챙겨주며 아이는 엄마에 대해 조금이라도 더 알게 될 수 있답니다.

3장

글·수·과학 놀이

선생님의 Advice

글자·수·과학적 원리에 관심을 갖기 시작하는 자발적 모습은 유아기에 인지능력이 잘 발달하고 있다는 신호예요. 많은 엄마들이 아이가 한글과 수 개념을 빨리 익히기를 바라는 마음에 학습지 공부를 시키려 하지요. 물론, 체계적인 원리를 바탕으로 만든 학습교재들도 유용하지만, 아이들은 자연스러운 놀이 속에서 글과 수, 그리고 과학적 원리들을 훨씬 더 재미있게 터득하게 됩니다. 저자는 자녀들이 글과 수, 과학적 원리에 관심을 갖는 순간을 잘 포착하여 놀이로 구성하였습니다.

예를 들어, 그림이나 만들기를 하다가 가족 이름, 동물과 곤충 이름을 써보게 한다든가, 서예 놀이를 하다 한자 쓰기로 전환하는 것 등은 스트레스 없이 글자 학습을 할 수 있는 흥미로운 방법입니다. 이런 방법은 글자를 시각적으로 인식하는 능력도 간접적으로 촉진해줄 수 있어요. 온전한 언어 표현을 충분히 들어본 아이들은 말하기가 수월해지고, 다양한 모양을 많이 보아온 아이들은 문자의 형태를 눈으로 정확히 인식할 수 있습니다. 또, 어릴 때부터 긋고, 칠하고, 오리고, 접고, 짜는 등 다양한 소근육 놀이를 해온 아이들은 글씨 쓰기 능력을 키울 때 훨씬 수월해집니다.

아이들은 생활 속에서 자연히 수에 대한 관심을 갖게 됩니다. 스티커로 일정한 모양의 패턴을 만들어 보는 것은 수학 중 도형과 관련된 학습에도 도움이 되고, 블록이나 바둑알 같은 작은 물건들을 보면, "하나, 둘, 셋, 넷"이라고 세고 싶어집니다. 하나 둘 세다 보면, 수의 순서가 1, 2, 3, 4…10까지 이어진다는 걸 알게 되고, '하나'와 '하나'를 더 하면 더 큰 수로 바뀐다는 것도 알게 되지요. 이런 자발적 관심은 수와 관련된 놀이를 하면서 얼마든지 확장시켜줄 수 있습니다.

빛, 그림자, 물, 불, 모래와 같은 자연물, 그리고 물감, 설가루, 자석 등과 같은 재료들이 어떤 성질을 갖고, 어떻게 변화하는지도 이 연령대 아이들이 호기심을 갖는 현상들이죠. 딱딱한 과학 책만 읽으라고 재촉하는 건 유아기 아이들에겐 너무 어려운 일입니다. 과학적 현상을 포함하고 있는 다양한 놀이들을 찾아보세요. 그 놀이 속에서 아이들은 아주 신기하고 흥미로운 방식으로 과학적 정보를 하나씩 얻어갈 수 있습니다.

글·수·과학 놀이 **NO.60**

찍으면서 즐기는 한글 놀이

준비물 천사점토, 찍기틀, 사인펜, 목공용 풀, 색지

놀이 나이 만 4~6세

아이들이 한 자, 한 자 글자를 읽을 줄 알게 되면서 점점 읽는 재미에 빠져들어요. 유창하게 한글을 읽고 쓰는 첫째와는 다르게 이제 막 한글을 읽기 시작한 둘째를 위해서 점토를 가지고 재미있게 한글 놀이를 해봤어요. 점토를 만지고 놀면서 콕콕 찍어 보기도 하고, 아는 글자를 만들어 보면서 한글과 친해진 느낌이에요. 한글을 다 익힌 아이라면 점토로 편지를 써 보는 것도 좋아요.

Let's make it!

01 천사점토를 준비해 주세요. 찰흙으로도 가능하답니다.

02 한글찍기틀을 이용해서 콕콕 찍어 주세요.

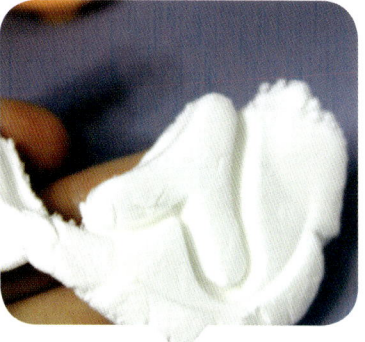

03 찍은 글자를 모양대로 뜯어 주세요.

04 점토에 사인펜을 살짝 묻히고 섞어 주면 다양한 색의 글자를 만들 수 있어요.

05 여러 가지 색으로 모양을 만들면 한글이 시각적으로 더 예뻐 보인답니다.

06 목공용풀로 글자를 색지에 붙여 주세요. 점토로 쓴 편지가 완성되었어요.

tip

❶ 점토를 글자 모양대로 뜯을 때 깨끗하게 뜯어지지 않으니 손으로 다듬어 주세요.
❷ 2세 전후 아이들은 한글 놀이가 어려워요. 그럴 때는 점토로 다양한 모양을 만들어 보면서 상상놀이를 해보세요. 여러 가지로 만들다 보면 생각의 크기도 한껏 커진답니다.

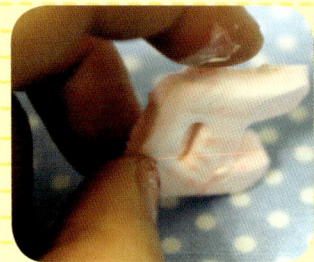

글·수·과학 놀이 NO.61

스티커 패턴 놀이

준비물 도형 스티커, 스케치북, 가위, 풀

놀이 나이 만 2~5세

세모, 네모, 동그라미만 있으면 로켓, 사람, 기차, 자동차 무엇이든 만들 수 있어요.

아이들이 스티커를 워낙 좋아하니 두꺼운 스티커북을 사 줘도 하루 만에 다 붙여 버리는 경우가 있죠? 한두 권은 사 주는데, 계속 사달라고 조를 땐 난감해요. 의미 없이 붙이는 스티커를 계속 사주기가 망설여졌는데, 마침 여러 가지 모양의 도형 스티커가 있어 사왔어요. 일반 스티커보다 가격도 저렴하면서 아이들과 여러 가지 패턴도 익히고 다양한 상상을 할 수 있는 유쾌한 시간이었답니다.

Let's make it!

01 도형 스티커를 준비해 주세요.

02 스티커를 보고서 생각나는 그림을 스티커로 표현해 주세요.

03 잘못 붙였을 때는 끝쪽을 살살 뜯어서 다시 붙여 보아요.

04 종이를 가위로 잘라서 도형을 만들어도 좋아요.

05 7살 재현이가 꾸민 그림

06 4살 재훈이가 꾸민 그림

tip

❶ 스티커 놀이는 어린아이들과도 함께 할 수 있는 놀이예요. 0~2세 아이들은 스티커를 뜯어서 손으로 붙여 보면서 소근육 운동도 되고, 3~4세 아이들은 스티커로 다양한 모양을 꾸며 보면서 상상력을 키운답니다.

❷ 5~7세 아이들은 스티커를 붙여 가면서 도형 패턴 놀이를 연계해서 사고력의 깊이까지 키울 수 있어요. 스티커 뒤쪽의 활용서를 보고 만드는 것도 좋지만 활용서대로가 아니라 자유롭게 붙여 가면서 아이들만의 상상력을 키우도록 해 주세요.

글·수·과학 놀이 NO.62
계란판 테트리스

준비물 계란판, 물감, 상자, 포장지, 가위

놀이 나이 만 5~7세

컴퓨터 테트리스보다 더 재미있어요.

계란판을 활용하는 방법은 다양해요. 그림을 그려 볼 수도 있지만 조금만 더 생각하면 훌륭한 교구가 되기도 해요. 도형 놀이도 하고 재미있는 게임까지 할 수 있다면 더 매력적이지 않을까요? 알록달록 예쁘게 색칠한 계란판으로 예전에 엄마들도 즐겨 하던 테트리스 게임을 해봐요.
비록 일일이 손으로 움직여야 하지만 아이들은 무척 재미있어 한답니다.

Let's make it!

01 계란판을 준비해 주세요. 30칸 짜리 2판 정도면 적당해요.

02 계란판을 다양한 도형 모양으로 잘라 주세요.

03 자른 계란판에 색을 칠해 주세요. 모양도 예쁘고 색도 고운 도형이 탄생했어요.

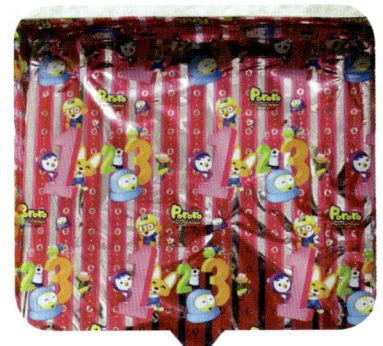

04 상자를 포장지로 감싸 주세요. 아이들이 좋아하는 캐릭터포장지는 마트에서 쉽게 구할 수가 있어요.

05 짠~ 계란판 테트리스 완성!

06 도형을 하나씩 쌓아 상자를 채워 보세요.

tip

❶ 조금 응용해서 엄마가 도형 한 개를 아무 위치에 놓아 보세요. 그 고정된 도형을 중심으로 계란판 도형을 맞추다 보면 또 다른 흥미를 줄 수 있어요. 고정시키는 도형의 수를 늘려 가면서 단계를 올려 주면 좋답니다.

❷ 0~2세 아이들은 쌓기 놀이나 같은 색깔 찾기 놀이 등을 해보세요.

글·수·과학 놀이 NO.63

막대 액자 만들기

준비물 아이스크림 막대, 사인펜, 글루건, 리본끈

놀이 나이 만 5~7세

내가 좋아하는 곤충들과 우리 식구를 한 곳에 썼어요.

재훈이가 그린 사슴벌레예요.

아이들이 어릴 때 다양한 교구 활용을 많이 해줄수록 두뇌 발달에도 좋아요. 하지만 비싼 교구를 종류별로 다 사줄 순 없죠. 집에서도 간단한 재료를 이용해서 사고력을 키울 수가 있어요. 도형도 만들어 보고 작품을 만들어 꾸며 보기까지 한다면 더욱 알찬 시간이 될 거예요.
아이들과 다양한 액자를 만들어 보아요. 여러 가지 작품을 만들고, 그것을 꾸며서 액자로 만드는 것만으로 좋은 추억이 될 거예요.

Let's make it!

01 아이스크림 막대를 준비해 주세요.

02 아이스크림 막대를 연결해 모양을 조합해 주세요.

03 글루건으로 막대끼리 붙여 주세요.
▶ 글루건 사용은 엄마가 해 주세요.

04 사인펜으로 막대에 그림을 그려 주세요.

05 리본끈으로 사방을 둘러 주세요.

06 고리를 만들어 붙여 주면 막대 그림 액자 완성!

tip

❶ 아이들이랑 놀이를 하기 전에 아이스크림 막대로 다양한 모양을 만들어 보세요. 한글도 써 보고, 숫자도 써 보고 한자도 써 보면서 재료 탐색을 하다 보면 재미를 느낄 수 있고 상상력도 자라나요.

글·수·과학 놀이 NO.64

티슈 염색 놀이

준비물 갑 티슈, 물감

놀이 나이 만 2~4세

내가 무엇으로 보여요? 자세히 보세요. 난 빨간 코에 파란 눈 그리고 아주 작은 파란 입을 가진 사람입니다.

아이들은 갑 티슈가 있으면 너무 많이 뽑아 버려요. 어느 날은 엄마가 한눈 파는 사이에 갑 티슈 한 통을 다 뽑아 버리기도 하죠. 혼을 내고 싶다가도 한편으로 아이 스스로 놀이를 했을 뿐인데, 너무 이해를 못하는 것 같아 그냥 웃어넘겼던 적도 있어요. 아이들이 뽑아 놓은 티슈로 염색 놀이를 간단하게 해 보세요. 색이 점점 퍼져나가고 다양하게 염색이 되는 과정을 직접 느껴 보세요.

Let's make it!

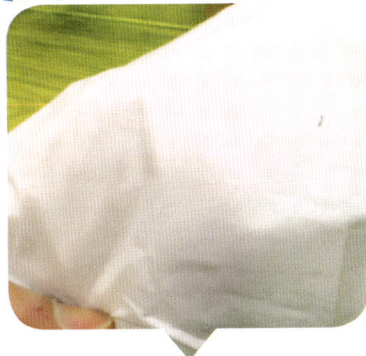
01 갑 티슈를 준비해 주세요.

02 티슈를 한두 장씩 겹쳐 주세요.

03 물감을 통에 담아 주세요.

04 ②의 겹친 티슈를 꼰 후 물감에 적셔 줍니다.

05 휴지를 돌려가며 물감을 묻혀 주세요.

06 물감 묻힌 휴지를 펴 보세요. 무심코 찍은 물감이 휴지를 펴 보면 예쁘게 물들어 있는 모습에 아이들도 좋아한답니다.

tip

❶ 아이들과 놀이를 할 때 물감을 다양하게 묻혀 보는 게 좋긴 하지만 손에 묻는 걸 싫어하는 아이들도 있어요. 그럴 땐 휴지를 잡고서 위쪽에만 살짝 물감을 묻혀서 펼쳐 보아도 위쪽에 알록달록 물감들이 예쁘게 물든 것을 볼 수 있어요. 물감을 싫어하면 처음에는 손에 묻히지 않고 놀 수 있도록 하면서 천천히 접근해도 좋아요.

글·수·과학 놀이 **NO.65**

수묵화

준비물 화선지, 먹물, 붓

놀이 나이 만 **5~7**세

> 형이 무엇을 그렸는지 잘 모르겠어요.

> 한문으로 1부터 10까지 쓴 거야. 너랑 나이 띠인 개, 소도 한문으로 쓰고.

예전에는 서예학원에 다니는 아이들이 참 많았죠? 그런데 요즘은 서예학원을 찾아보기도 힘들고 점점 우리의 것이 사라지는 느낌이 들어 참 안타까워요. 위인전을 보거나 한국사 책을 아이랑 읽다 보면 붓으로 글을 쓰거나 그림을 그리는 모습이 많은데, 아이들도 직접 느껴보면 어떨까 싶어서 준비했어요. 생각대로 써지지 않으니 아이도 집중력 있게 한 자 한 자 글자를 써나가는 모습에서 진지함까지 느껴집니다.

Let's make it!

01 재료를 준비해 주세요.

02 붓을 먹물에 적셔 주세요.

03 화선지를 펴고 그림을 그려 주세요.

04 선도 그어 보세요.

05 글을 써도 좋아요.

06 연필, 색연필로 그릴 때보다 붓으로 그리면 더 힘들어요. 표현이 생각처럼 안 되더라도 격려를 해주면서 이끌어 주세요.

 **tip**

❶ 다양한 재료를 접하면 표현력과 정서가 발달해요. 옷이나 집 안이 더렵혀질까 고민하지 말고 조금은 마음을 비우고 아이들이 마음껏 놀 수 있게 해 주세요.

❷ 그림을 그리고 나서 물감을 이용해서 수묵담채화로 옅은 그림을 완성해도 좋답니다. 같이 그린 후 치우는 것도 함께 도와가면서 해 주세요. 협동심도 키워져요.

3장 글·수·과학 놀이 165

글·수·과학 놀이 NO.66

알록달록 휴지꽃

준비물 갑 티슈, 끈, 빈 컵, 물감, 물

놀이 나이 만 3~6세

이렇게 삐뚤빼뚤한 꽃도 있어요.

저처럼 예쁜 꽃도 있고요.

물감 놀이를 하다 보면 손에 묻는 걸 싫어하는 아이들이 있어요. 그럴 땐 이렇게 물감을 이용하지만 손에 묻히지 않고 관찰할 수 있는 방법을 찾아보세요. 휴지꽃을 만드는 것도 물감의 매력을 느끼면서 물감과 친해지는 좋은 방법인 것 같아요. 시간이 지나면 지날수록 물감꽃이 피는 모습이 예쁘답니다.

Let's make it!

01 휴지를 접어서 4등분을 만들어 주세요.

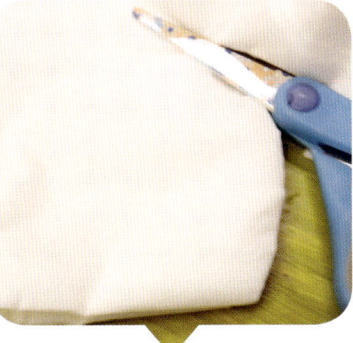

02 휴지 끝을 둥글게 살짝 잘라 주세요.

03 휴지 끝쪽을 살짝 돌려 끈으로 묶어 주세요.

04 종이를 한 장씩 벌려서 꽃과 같은 느낌이 나도록 펴 주세요.

05 빈 컵에 물감을 넣고서 물을 섞어서 풀어 주세요.

06 하얀 휴지꽃을 꽂아 주세요. 끈으로 묶은 아랫부분만 살짝 담가 주세요. 하얀 꽃이 서서히 물드는 과정을 볼 수 있어요.

tip

❶ 이 놀이를 하면서 휴지가 물을 흡수하는 모세관현상에 대해 설명해 줄 수 있어요. 휴지에는 눈에 보이지 않지만 빈 공간이 많이 있어요. 그 공간을 타고 물이 올라갑니다. 휴지는 종이보다 이런 빈공간이 많아 수분을 흡수하는 능력이 더 좋아요. 과학 영역으로 아이들이 분리해서 가르쳐 주면 현상 이해가 빠르답니다.

글·수·과학 놀이 NO.67

재미있는 한글 놀이

준비물 신문지, 색연필, 가위, 풀, 스케치북

놀이 나이 만 **4~6**세

> 똑같이 썼어요! 나 한글 잘하죠?

> 엄마, 아빠 사랑해요.

책, 광고지, 간판…… 일상생활에서 한글에 많이 노출되어 있긴 하지만 막상 가르칠 생각을 하면 머리가 아프죠? 이제 막 한글을 시작하는 아이들이라면 호기심을 어떻게 이끌어줘야 하는지, 한글을 뗀 아이들은 어휘력을 어떻게 풍부하게 해줘야 할지…… 고민은 끝이 없는 것 같아요. 이럴 때 신문지 하나만 있으면 아이들이 재미있게 한글 놀이도 하고, 한글을 친근하게 느낄 수 있어요.

 **Let's make it!**

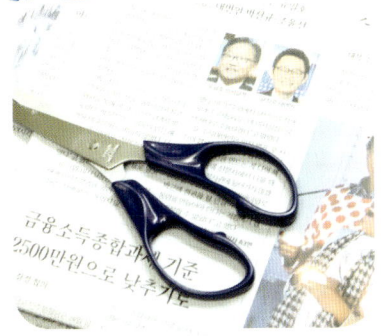

01 여러 장의 신문지를 준비해 주세요.

02 신문지에서 다양한 글자를 잘라 주세요.

03 잘라 놓은 글자를 단어별로 정리하면서 읽어 주세요.

04 글자를 원하는 대로 몇 자만 붙여 주세요.

05 한글을 배우는 아이들이라면 붙인 글자를 한 자 한 자 따라 써 보세요. (4~5세 놀이)

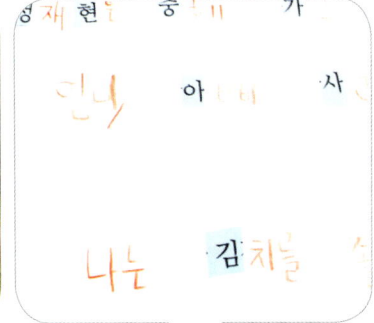

06 한글을 다 뗀 아이들은 붙인 단어 사이를 연결해 글짓기를 해 보세요. 어휘력과 논리력이 커져요. (6~7세 놀이)

 **tip**

❶ 학습지를 사서 따로 한글을 써 보는 것도 좋지만 가끔 아이들이 신문에서 한 자 한 자 글자를 찾아 오리고 꾸미다 보면 자연스럽게 글씨를 익힐 수 있어요. 찾아낸 글자를 이용해 글짓기까지 하다 보면 아이들의 생각도 알게 되고, 신문지 하나로 다양한 활동이 가능하답니다. 같은 재료로 두 아이들의 나이에 맞게 따로 활동을 할 수 있어 훨씬 재미있어요.

글·수·과학 놀이 NO.68

컵라면 용기로 만든 열기구

준비물 컵라면 용기, 끈, 물감, 신문지, 밀가루풀, 풍선, 가위

놀이 나이 만 **4~7** 세

> 멀리 멀리 여행을 떠날 수 있는 열기구예요. 나중에 커서 꼭 타볼 거예요.

> 어? 내 쪽으로 기우네?

책을 보는데, 동물들이 열기구를 타고 올라가는 것을 보고 아이들이 열기구에 대해서 이야기를 꺼냈어요. 열기구를 타면 어떤 동물을 태울지에 대해서도 이야기하고 열기구에 타는 상상도 하는 거예요. 직접 타보지는 못했지만 컵라면 용기로 아이들의 희망을 담은 열기구를 만들어 봤어요. 미술 놀이를 통해서 내가 만든 열기구를 타고 하늘로 올라가는 꿈을 꾸어 봐요. 하늘 그리고 열기구에 대한 환상을 느껴 볼 수 있어요.

Let's make it!

01 컵라면 용기에 구멍을 뚫어 구멍 사이로 끈을 연결해 주세요.

02 풍선을 분 다음 밀가루풀로 풍선에 신문지를 붙여서 말려 주세요.

03 가위로 구멍을 내어 풍선을 빼내 주세요.

04 풍선을 빼낸 밑부분을 열기구 모양처럼 가위로 정리한 뒤 양 옆으로 구멍을 뚫어 주세요.
▶ 만들고 난 후 끈으로 연결시킬 거예요.

05 컵라면 용기와 신문지로 만든 열기구에 색을 입혀 주세요.

06 무늬까지 넣은 후 용기와 풍선을 끈으로 연결하면 됩니다.

tip

❶ 열기구에 동물 인형을 들고 와서 태웠는데, 너무 많이 태우면 뜰 수 없다는 것을 알려 주면서 무게 중심 등에 대해 생각하고 배울 수 있어요. 상상력과 수 놀이를 겸할 수 있는 놀이랍니다.

❷ 열기구를 두 개 만들어 저울처럼 활용하면 무게에 대해서 더 깊이 배울 수 있어요.

3장 글·수·과학 놀이 **171**

글·수·과학 놀이 NO.69
딩동, 엘리베이터가 도착했습니다

준비물: 교구(2층 높이 이상), 옷걸이 실, 유리 테이프, 종이컵

놀이 나이: 만 4~6세

> 토끼랑 거북이랑 모두 한꺼번에 탈 수 있어요.

> 도르래는 적은 힘으로 많은 것을 옮길 때 유용해요.

아이들과 과학에 대해 이야기하다보면 가장 기초가 되는 것이 도르래 원리에요. 그래서 이것을 어떻게 아이들에게 이해시킬 수 있을까 고민하다가 답을 찾았습니다. 바로 엘리베이터에요. 아파트에 살면 매일 접하게 되는 엘리베이터는 아주 간단하게만 말하면 도르래 원리를 이용한 것이잖아요. 매일 이용하는 것이기 때문에 아이들에게도 익숙해 이해도 빠르고 응용도 빠르더군요.
그럼 과학 원리를 찾아 도르래를 만들러 떠나볼까요?

Let's make it!

01 옷걸이, 종이컵, 끈을 준비해 주세요.

02 종이컵에 끈을 유리 테이프로 붙여 고정해 주세요.

03 옷걸이에 끈을 걸쳐 주세요. 이 상태로 엘리베이터 완성.

04 이제 종이컵에 교구를 담아 주세요.

05 걸쳐 두었던 끈을 당겨 쉽게 여러 개 교구를 한 번에 옮겼어요.

06 엘리베이터 외에도 2층으로 올라가는 방법을 이야기해 보세요. 사다리, 점프, 날아가기 등 다양한 대답을 들을 수 있어요.

tip

❶ 엘리베이터 외에도 다양한 과학 원리를 알 수 있는 책을 보여 주세요. 이왕이면 선조의 지혜를 알 수 있는 옛것과 현재의 문물을 비교하는 책이면 더 좋을 것 같아요.

글·수·과학 놀이 NO.70

필름지 물감 놀이

준비물 필름지(코팅지) 2장, 물감, 나무젓가락

놀이 나이 만 3~6세

강아지, 피카소만큼 잘 그렸지요?

그게 무슨 그림이야?

물감으로 할 수 있는 놀이는 어떤 게 있을까요?
물감은 색칠할 때만 쓸 수 있는 것이 아니에요. 찍어도 보고, 흘려도 보고, 문질러도 보고, …… 좀 더 다양하게 활용할 수 있어요.
눈으로 보고, 느끼고 즐길 수 있는 물감 놀이, 한번 해볼까요?
물감과 필름지를 통해서 다양한 표현을 해볼 수 있답니다.

Let's make it!

01 필름지를 준비해 주세요.

02 필름지 위에 물감을 짜 주세요.

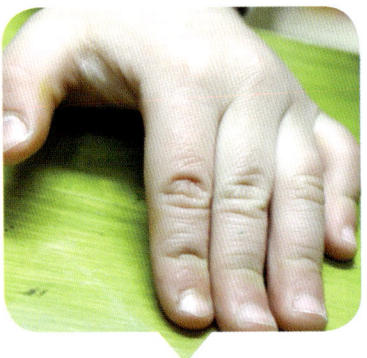

03 필름지가 잘 움직이므로 한쪽 끝을 잡아서 고정해 주세요.

04 나무젓가락으로 물감을 퍼트리듯이 그려 주세요.

05 다양한 색을 이용해서 물감을 짜고 그림도 그려 주세요.

06 그림을 그린 후에 형광등에 비춰 보세요. 색이 오묘하게 빛나는 것을 볼 수 있어요.

tip

❶ 필름지가 없다면 코팅지를 이용해도 좋답니다.

글·수·과학 놀이 NO.71

솜사탕 같은 한지 그림

준비물 한지, 물감, 스포이트(약병)

놀이 나이 만 2~5세

물 한 방울이 이렇게 커져요.

물감 퍼지는 놀이는 엄마표 놀이 중 손쉽게 할 수 있는 놀이예요. 간단하지만 시각적인 효과가 좋아 제가 자주 하는 놀이랍니다. 특히 한지에 물감이 퍼지는 느낌이 너무 예뻐요. 보들보들한 한지에 물감을 떨어뜨려 보고 서서히 퍼져 나가는 느낌을 느껴 보세요. 그림을 말려 보면 솜사탕처럼 포근한 기운을 느낄 수 있답니다.

Let's make it!

01 한지를 준비해 주세요.

02 한지는 일반 종이와 느낌이 다르죠. 조명등 아래 한지를 비춰 보면서 차이를 느껴 보세요.

03 스포이트를 이용해서 물감물을 흡입해 주세요.

04 스포이트를 이용해서 한지 위에 물감을 떨어뜨려 주세요.

05 서서히 물감이 퍼지는 모습을 관찰해요.

06 말리고 나서의 느낌도 보세요. 마르기 전과 마른 후의 모습이 다르고 예쁘답니다.

 **tip**

❶ 유리로 된 스포이트가 위험하다고 생각한다면 아이들 약병을 이용해서 한두 방울씩 물감물을 넣고 떨어뜨려도 좋답니다.

❷ 한지 말고 스케치북 위에도 물감을 떨어뜨려 보세요. 스케치북 위에는 물감이 퍼지지 않고 맺히죠. 그 모습을 한지와 비교해 보면 좋아요.

글·수·과학 놀이 **NO.72**

비행기에 꿈을 담고

준비물 비행기풍선, 색연필, 실, 형광테이프

놀이 나이 만 **3~6**세

"떴다, 떴다, 비행기~ 날아라~날아라~" 이 노래를 들으면 비행기가 훨훨 나는 하늘 구경을 가고 싶어져요. 비행기를 자주 탈 수는 없지만 비행기를 타면 어디로 가고 싶은지 이야기해 봤어요. 다른 나라에서 우주여행까지 다양한 이야기가 나왔어요. 그래서 "우주에 가면 뭐가 있을까?", "누가 살까?"에 대한 주제로 이야기를 확장해 봤어요. 책에 나와 있는 과학 상식을 알려줘도 좋지만 아이들의 상상을 마음껏 담아 하늘을 날아 보는 건 어떨까요?

Let's make it!

01 비행기풍선을 샀어요.

02 풍선에 빨대를 꽂아서 불어 주세요.

03 비행기 날개를 색연필로 꾸며 주세요.

04 형광테이프를 비행기 끝쪽으로 얇게 잘라서 붙여 주세요.

05 실로 비행기 앞뒤쪽을 한 줄로 붙여서 천장에 연결해 주세요.

06 형광테이프를 별 모양 등으로 잘라서 비행기 주위에 붙여 우주를 표현해 주세요.

07 불을 끄면 우주여행을 온 듯한 기분을 느낄 수 있어요.

tip

❶ 형광테이프가 없다면 별 모양 형광스티커로 대신해도 좋아요.

글·수·과학 놀이 NO.73

계란판 액자

준비물 계란판, 물감, 붓

놀이 나이 만 **3~5**세

우리 엄마 웃는 얼굴이에요. 예쁘죠?

점과 점을 연결해서 선이 되고, 선과 선이 만나면 면이 되고…… 점, 선, 면, 평면과 입체의 차이를 아이들이 쉽게 이해하게 하려면 계란판을 활용해 보세요. 울퉁불퉁 계란판 위에 그림을 그리다 보면 스케치북 같은 평면에 그리는 것보다 어려우면서도 새로움을 느낀답니다. 아무렇지 않게 버리던 계란판이 아이들에게는 놀이가 되고 재미가 될 수 있어요. 아이들과 함께 입체감이 느껴지는 계란판 액자를 같이 만들어 볼까요.

Let's make it!

01 계란판을 준비해 주세요.

02 붓에 물감을 묻혀서 콕콕콕 계란판에 점을 찍듯 색을 입혀 주세요.

03 점 옆으로 선을 따라 칠하면 면이 됩니다.

04 다양한 색을 이용해 원하는 그림을 표현해 보세요.

05 계란판을 들어서 그리면 좀 더 쉬워요.

06 가까이서 보면 엉망인 듯 보여도 색을 칠하고 난 후에 멀리서 계란판을 들어 보세요. 점과 점이 만나서 멋진 그림이 된답니다.

tip

❶ 종이 계란판에 그림을 그리고 색을 칠하다 보면 구석구석 색을 입히는 게 쉽지 않아요. 아이들이 꼼꼼하게 색을 칠하도록 지도해 주세요.

❷ 그림을 그릴 때 쓸 색을 선택할 때는 아이들이 원하는 색을 고르도록 하세요. 그러면 아이들이 놀이에 더 적극적으로 동참한답니다.

글·수·과학 놀이 **NO.74**

공 넣기 놀이

준비물
일회용 커피 음료 통
마스킹테이프, 탁구공, 끈
유리테이프, 펜치, 못

놀이 나이
만 **4~6**세

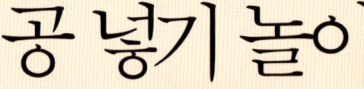

앗, 컵을 튕기니 공이 위가 아니라 앞으로 날아가네?

다 마신 커피 음료 통을 버리지 않고 활용하는 방법을 생각해 봤어요.
어떤 교구가 좋을까 고민하다가 공을 집어넣을 수 있는 통을 만들어 봤어요.
재료도 간단하고 아이들도 공을 넣기 위해 힘을 조절하는 동안 거리와 힘의
상관관계에 대해 배울 수 있어요. 또 공을 넣고 기분이 좋아져
웃는 미소가 정말 예쁘답니다.

 **Let's make it!**

01 커피 음료 통을 뒤집어 달군 못으로 구멍을 뚫어 주세요.
▶ 달군 못이 뜨거우니 펜치를 이용해 주세요.

02 커피 음료 통은 마스킹테이프를 붙여서 예쁘게 꾸며 주세요.

03 밑에 뚫은 구멍으로 끈을 넣어서 길게 빼 주세요.

04 통 안쪽 끈은 매듭을 묶어서 끈이 안 빠지도록 해주세요.

05 탁구공에 통 밖에 있는 끈의 끝을 테이프로 붙여 끈을 연결해 주세요.

06 공 넣기 놀이통 완성!

 **tip**

❶ 아이들과 놀이를 할 때 통 속에 공을 넣기가 힘들면 끈을 짧게 조절해 주세요.

글·수·과학 놀이 NO.75

내가 만든 시계

준비물
휴지 심지, 색종이, 병뚜껑
글루건, 스티커, 아크릴물감
사인펜

놀이 나이
만 **4~6**세

> 지금은 1시 20분입니다.

> 내 시계는 3시예요.

어느 정도 나이가 되면 아이들도 시계에 관심이 많아져요.
아직 제대로 시계를 읽지 못하지만 물어보면 아는 척하면서 2시라고 했다가
5시라고 했다가…… 시계를 보는 척하면서 이야기할 때가 있죠.
집에 걸려 있는 벽시계가 아닌 아이들만의 손목시계를 만들어 볼까요?

Let's make it!

01 휴지 심지를 반으로 잘라 주세요.

02 준비한 병뚜껑에 색을 입혀 주세요.

03 휴지 심지에 색종이를 붙여 감싸 주세요.

04 스티커를 붙이거나 사인펜으로 그림을 그려 시계줄을 예쁘게 꾸며 주세요.

05 병뚜껑 위에 아이들이 원하는 시간을 적도록 해 주세요.

06 글루건으로 휴지 심지 중앙에 병뚜껑을 붙여 주세요.

07 손목에 차면 손목시계 완성.

 **tip**

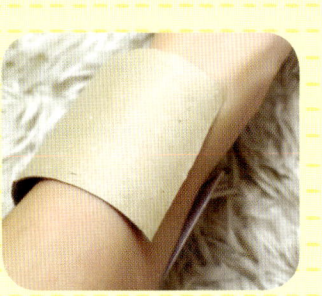

❶ 시계를 만들 때 휴지 심지가 손목에 감겨야 해요. 휴지 심지가 작으면 종이를 조금 더 연결해서 벨크로 테이프를 붙여 주면 시계가 손목에 잘 감긴답니다.
❷ 0~2세 아이들은 시계 대신 팔찌를 꾸며 주어도 좋아요.

글·수·과학 놀이 **NO.76**

엄마표 칠교

준비물 도형 스티커, 우드락, 자석

놀이 나이 만 **4~6**세

아이들 교구는 왜 그렇게 비싼지……. 필요한 듯하지만 다 사주기엔 너무 많아서 수십 번 비교 검색 끝에 겨우 최저가로 장바구니에 넣었다가, 또 뺐다가 고민을 하지요. 그러다 어느새 상품이 품절되거나 아이들이 놀아야 할 시기를 놓쳐 버리는 경우도 있어요. 그래서 저렴하게 즐길 수 있는 칠교를 만들어 보았어요. 스티커 하나로 만드는 엄마표 교구. 칠교 놀이, 패턴 놀이, 도형 놀이까지 아이들과 엄마표 교구로 다양하게 놀아 보아요.

Let's make it!

01 여러 가지 도형 스티커를 준비해 주세요.
▶ 문방구에서 천 원에 구입 가능해요.

02 우드락 위에 스티커를 붙여 주세요.

03 폼보드 절단기로 모양대로 잘라 주세요.

04 자른 도형을 모아 주세요.

05 우드락 뒤쪽에 자석을 붙여 주세요.

06 완성된 칠교를 자석 보드에 붙여서 공부를 하거나 다양한 모양을 만들어 보세요.

tip

❶ 4세 전 아이들은 칠교를 이용하여 집, 자동차 등 아이들이 만들고 싶은 모양을 만들어 보세요. 자석 보드에 붙여서 여러 가지 그림으로 응용해서 꾸며 주면 좋답니다. 7세 전 아이들은 칠교 놀이를 하면서 도형 패턴 놀이를 응용해서 사고력을 키워 주세요.

❷ 교구통을 따로 사지 말고 지퍼팩에 넣어서 보관하면 잃어버리지도 않고 좋아요.

글·수·과학 놀이 NO.77
펼쳐봐 입체카드

준비물 허니컴종이, 색종이, 가위, 풀, 꾸미기용 재료(색연필, 사인펜, 물어펜, 파스텔 등)

놀이 나이 만 3~5세

> 으악~ 난 악어다!

> 내가 제일 좋아하는 자동차그림이 있는 입체카드입니다.

시중에 파는 입체카드는 너무 비싸죠. 양끝을 잡고 벌리면 벌집 모양이 되는 종이인 허니컴종이를 활용해 보세요. 종이를 벌려 대칭 놀이를 해보기도 하고, 카드를 만들어 어떤 느낌이 나는지 이야기해 보기도 하면서 다양한 놀이를 할 수 있답니다.

 **Let's make it!**

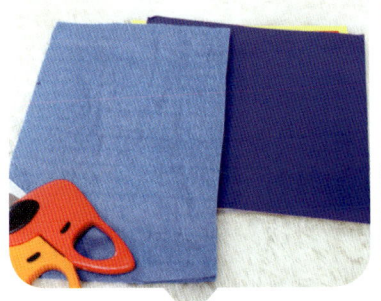

01 재료를 준비해 주세요.

02 색종이를 반으로 접어 주세요.

03 볼펜이나 파스텔 등을 이용해서 색종이 단면을 꾸며 주세요.

04 허니컴종이와 색종이에 그림을 그려 주세요.

05 종이를 가위를 이용해 그림대로 잘라 주세요.

06 허니컴종이와 색종이 자른 것을 풀로 붙여서 반으로 접은 색종이 속에 붙여 주세요.

07 종이를 쫙악 펼쳐 보세요.

 **tip**

❶ 카드를 만드는 대신 대칭 놀이를 해도 좋아요. 색종이를 반으로 접어 자르면서 대칭을 만들어 보고 허니컴 종이를 이용해서 펼쳐 보면 입체 느낌이 난답니다.

3장 글·수·과학 놀이 **189**

글·수·과학 놀이 NO.78

그림자 도형

준비물
펠트지, 숟가락
유리테이프(글루건), 가위

놀이 나이
만 **4~6**세

> 불빛에 가까이 가면 그림자가 희미해지고, 벽에 가까이 가면 오히려 그림자가 진하고 명확해지네. 신기하다!

동그라미, 세모, 네모를 아이들에게 어떻게 알려주는 게 좋을까요?
부직포를 이용해서 다양한 모양의 도형을 만들어 보세요.
자른 도형으로 그림자 놀이도 해 보고, 도형과 도형을 합쳐 가면서
재미난 모양을 만들어 보세요.

 **Let's make it!**

01 펠트지를 네모, 세모, 동그라미 등 다양한 도형 모양으로 잘라 주세요.

02 일회용 숟가락을 펠트지 뒷면에 붙여 주세요.
▶ 유리테이프로 잘 붙지 않으면 글루건으로 고정해 주세요.

03 방에 불을 끈 후에 스탠드를 이용해서 한쪽 벽을 비춰 주세요.

04 숟가락을 잡고 도형을 불빛에 비춰 보며 어떤 모양인지 맞춰 보세요.

05 도형과 도형을 연결해서 다양한 모양을 만들어 보세요. 그런 다음 불빛에 비춰 보아요.(집 모양)

06 도형과 손동작을 함께 이용해 이야기를 꾸며 보세요.(예 : 악어가 아이스크림을 뺏어 먹으려고 해요.)

 **tip**

❶ 도형과 도형이 만나 사물이 되는 과정을 꾸며 보면서 아이들의 사고력을 키울 수 있답니다.

3장 글·수·과학 놀이 **191**

글·수·과학 놀이 NO.79

마술 놀이

준비물 우유갑, 장난감, 물, 수조(큰 바구니)

놀이 나이 만 3~5세

내가 바로 공룡을 발굴하는 고고학자예요.

물속에서 건져 올린 공룡화석입니다.

늘 교육적인 효과를 먼저 생각는 것보다 호기심을 자극하면서 자연스럽게 배우는 것도 필요한 것 같아요. 공룡 장난감으로 아이들의 흥미를 자극하며 물의 성질에 대해 알아보았어요. 물에 뜨는 것과 뜨지 않는 것의 차이를 느껴 보고, 물에 뜰 수 있는 방법을 찾아보는 동안 아이들의 사고력이 쑥쑥 자라난답니다.

 **Let's make it!**

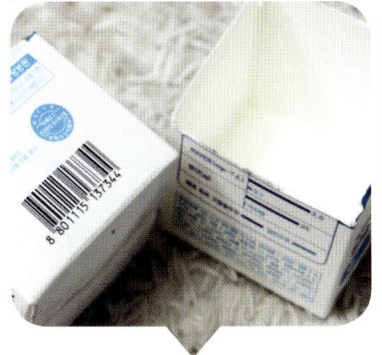

01 우유갑을 준비해 주세요.

02 물을 준비해서 공룡 장난감을 넣어 보세요. "공룡은 물에 뜰까?"라고 질문을 제시해봐요.

03 공룡이 물에 가라앉는 것을 볼 수 있어요.

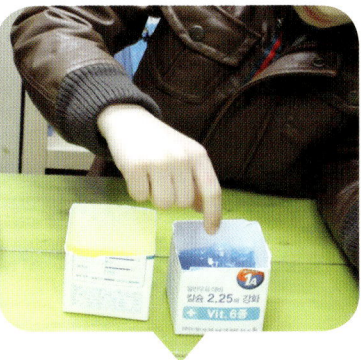

04 "공룡을 물에 띄워 볼까?"라고 이야기하면서 놀이를 시작해요. 우유갑에 물감과 물을 섞어서 풀어 주세요.

05 공룡을 물감 속에 퐁당 넣은 다음 냉동실에 얼려 주세요.

06 꽁꽁 언 우유갑을 뜯어 물속에 띄워 보세요. 공룡이 물에 뜨는 것을 볼 수 있어요. 아이들에겐 마술 같은 놀이가 된답니다.

 **tip**

❶ 놀이를 하기 전 아이들과 공룡을 띄울 수 있는 방법에 대해 이야기를 나누어 보세요. 아이들의 생각들이 정말 기발하답니다. 재현이는 공룡 위에 공룡을 올리면 위의 공룡은 물에 뜰 수 있다는 이야기를 했어요.

❷ 공룡 얼음이 화석 같아요. 화석에 대한 공부도 함께 할 수 있겠죠?

3장 글·수·과학 놀이 193

글·수·과학 놀이 NO.80

철가루 마술

준비물 종이, 자석

놀이 나이 만 3~7세

햇빛 좋은 날, 아이들과 두 손을 꼬옥 잡고 동네 나들이 한번 해 볼까요?
집에만 있는 것보다 그냥 지나치기 쉬웠던 동네 구석구석의 여유로움을 느껴 보면서
아이들과 이야기를 나누어 보는 것도 좋은 활동이 됩니다. 주위에 모래가 있는
놀이터가 있다면 잠시 쉬어 보세요. 자석과 종이 한 장만 있으면 아이들에게
멋진 마술을 보여 줄 수 있답니다. 어딘가를 가고 무엇을 이용하는 것만이 놀이가 아니라
생활 속에서 다양한 놀이를 즐길 수 있다는 것을 깨달을 수 있어요.

Let's make it!

01 모래 놀이터를 찾아 주세요.

02 자석을 들고 모래 위를 저어 주세요.

03 자석에 철가루가 묻어 나온답니다.

04 자석에 묻은 철가루를 손으로 떼어 종이 위에 놓아 보세요.

05 종이 위에 흙과 철가루가 약간씩 섞여서 모일 거예요.

06 밑에서 종이를 잡고 자석으로 움직여 보세요. 자석이 가는 방향에 따라 종이 위에서 춤추는 철가루를 볼 수 있어요.

tip

❶ 운동장에 철가루가 섞여 있는 건 모래 안에 철이라는 성분의 알갱이들이 미세하게 있기 때문이랍니다. 이렇게 놀이가 자연스럽게 과학 공부로 이어질 수 있어요.

❷ 놀이터 모래에 세균이 많은 경우도 있으니 놀고 난 철가루는 운동장에 놓아 두고 오세요. 그리고 집에 들어온 후에는 깨끗하게 씻는 것, 잊지 마세요.

글·수·과학 놀이 NO.81

통, 통 높이 튀어 올라라

준비물 PVA가루, 붕사, 색소, 종이 컵, 나무젓가락

놀이 나이 만 5~7 세

> 아니야, 내가 만든 것이 더, 더 높이 튀어 올라.

> 세상에서 가장 높이 튀어 오르는 공입니다.

문방구에 가면 농구공, 축구공, 야구공 등 각양각색 공이 있습니다. 그 중에도 조그마한 우리 아이 손에도 쏙 들어가는 형형색색의 공이 있죠. 동네마다 양체처럼 작은 모습에도 잘도 튀어 올라 양체공, 통통 튀어 통통볼, 탱탱한 촉감에 탱탱볼 등 이름도 다양합니다. 아이 손에도 쏙 들어오는 요 귀여운 공을 한번 만들어 볼까 합니다. 화학용품을 이용하는 만큼 부모님의 각별한 주의가 필요하지만 신나는 과학실험에 아이들은 참 좋아합니다. 그럼 지금부터 만들어 볼까요?

Let's make it!

01 인터넷 과학실험 쇼핑몰이나 과학도구 판매점을 통해 재료를 준비해 주세요.

02 종이컵에 붕사 2g과 미지근한 물 50ml를 넣고 나무젓가락으로 저으며 녹여 주세요.

03 원하는 색의 색소를 넣어 주세요.

04 PVA 용액을 종이컵에 담고 ②를 조금씩 넣으며 나무젓가락으로 저어 주세요.

05 응고되기 시작하면 일회용 숟가락 등을 이용해 건져 내세요.

06 조물조물 주무르고 손바닥으로 빙빙 굴려 공 모양을 만들어 주세요.
▶ 오랫동안 주물러야 튕겼을 때, 쪼개지지 않아요.

tip

❶ 준비물이 과학재료라서 위험할 수 있으니 절대 아이들이 먹거나 화학용품을 만진 손으로 눈을 비비거나 입속에 넣지 않도록 각별히 주의를 주어야 합니다. 5세 이하의 어린아이의 경우 부모님이 함께 만들어 주세요.

❷ 아이들이 직접 재료를 정확하게 저울로 재고 첨가하는 물의 양을 잴 수 있도록 해주세요. 과학실험은 정확한 재료 측정을 해야 정확한 결과가 나온다는 것을 학습할 수 있도록 하는 것입니다.

글·수·과학 놀이 NO.82

내가 꾸민 우주 여행

준비물
우주스티커, 마블링 물감
검은 도화지, 스케치북
나무젓가락, 통, 물

놀이 나이
만 **3~6**세

아이들은 별이 반짝반짝 빛나는 우주를 무척 좋아해요. 신기한 마블링 물감으로 우주를 표현해 봐요. 책과 연계해서 태양계, 행성에 대해서도 배우고 신비한 우주 그림도 그려 보면서 함께 우주여행을 떠나 볼까요? 마블링 기법에 대해서도 자연스럽게 알 수 있으니 과학 공부와 미술 놀이를 동시에 할 수 있어요.

Let's make it!

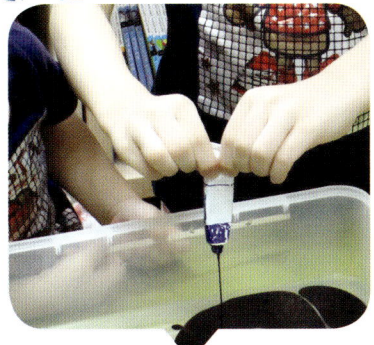

01 통에 물을 담고 두세 가지 마블링 물감을 떨어뜨려 주세요.

02 나무젓가락으로 살짝 저어 주세요.
▶세게 저으면 마블링의 느낌이 예쁘게 나오지 않으니 한두 번만 저어 주세요.

03 종이를 살짝 덮어 주세요. 종이 끝이 물감에 담길 정도로만 해 주세요. 마블링이 스며들어요.

04 끝부분을 살짝 잡고 종이를 올려 주세요.

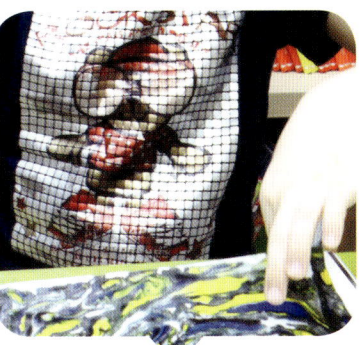

05 마블링된 종이가 마르면 스케치북 위에 붙여 주세요.

06 우주 스티커를 붙여서 나만의 우주를 꾸며 주세요.

tip

❶ 마블링 물감은 냄새가 심하기 때문에 창문을 열어 놓고 놀이를 진행해 주세요. 다 쓰고 난 후에 신문지를 두세 번 담갔다가 빼주면 통을 청소하기 편해요.

❷ 태양계에 관한 과학책을 펴놓고 행성의 특징을 알아보면서 놀이를 진행해 주면 학습과 연계되어 아이들이 쉽게 이해할 수 있어요.

❸ 0~2세 아이들은 마블링 물감을 사용하기에는 조금 어려움이 있어요. 물감 대신 사인펜으로 스케치북 위에 콕콕콕 점을 찍어 보아요. 점을 이어가면서 나만의 별자리를 만들어 볼 수 있답니다.

4장

정서 발달 놀이

선생님의 Advice

어떤 종류의 놀이든 정서 발달에는 모두 도움이 됩니다. 잘 놀다 보면 신기함, 흥미로움, 즐거움, 만족감, 이완감, 안도감 등 다양한 긍정적 정서를 경험하게 되기 때문이죠. 또, 잘 노는 아이들은 부정적인 정서를 조절하는 능력도 자연스레 키워가기 때문에, 살면서 생길 수 있는 불편한 감정들을 스스로 직면하고 처리할 수 있는 내적 힘도 잘 발달합니다.

신체 감각 운동의 발달과 인지 발달이 무난하게 이루어지는 아이들은 대부분 정서 발달도 원활하게 이루어진다는 게 발달이론가들의 의견입니다. 아이가 평소에 실컷 하기 힘든 어떤 활동을 아주 신나게 할 수 있다면, 여느 때보다 긍정적 정서를 한껏 늘리고 더불어 스트레스도 풀릴 수 있습니다.

여기에서 나오는 것처럼 비눗방울을 실컷 불어보거나 터뜨리고, 엄청나게 많아지는 비눗방울들을 만들어 보는 것, 그리고 악기를 힘껏 두드리며 놀다 보면, 신나고 만족스러운 기분들이 한없이 커집니다. 물감 섞인 물이나 풀을 욕실 벽이나 비닐에 실컷 발라보거나, 넓은 종이에 핑거 페인팅을 실컷 해보는 것 등은 언뜻 보면 미술과 운동적 요소만 있어 보입니다. 하지만, 평소에 하던 미술이나 운동과는 아주 다른 방식들을 허용해 주면 아이들이 느끼는 긍정적 감정은 이루 말할 수 없이 풍부해집니다. 감정의 종류로 보자면 신기하고, 신나고 너무 즐거운 그런 느낌들을 놀이시간 내내 느낄 수 있어요. 감정의 정도는 말할 필요도 없습니다. 긍정적 감정들을 한껏 느끼다 보면 스트레스나 긴장감, 좌절감 등이 점차 작아지거나 사라져 간답니다.

나뭇잎, 나뭇가지, 곤충, 동물들을 관찰한 것을 토대로 미술 놀이를 하는 것 역시 단지 미술로서의 의미만 있는 게 아니랍니다. 동물, 곤충, 식물, 산과 호수 등 자연에 관심이 많은 아이들에게는 재료에 자연물을 활용하거나 주제로 자연을 언급하면 더 큰 흥미를 보여요. 자연에 관심이 많은 아이들은 자연과 생명에 대해 세심한 관찰을 즐기고, 누군가를 보살피는 것을 좋아하며, 정서적으로 감수성이 풍부한 아이들인 경우가 많아요. 결국 놀이를 하면서도 자연을 소재나 재료로 활용한다면 감성적 측면을 촉진시킬 수 있답니다.

정서 발달 놀이 NO.83

거품으로 상상력 놀이

준비물 거품물감, 비닐

놀이 나이 만 3~6세

저녁하늘에 있는 분홍 구름같아요.

몽글몽글한 구름 느낌이 나는 거품을 만지면 어떤 느낌이 들까요?
거품으로 무엇을 만들 수 있을까요? 아이들은 목욕할 때 비누 거품을 온몸에
바르는 순간을 무척 좋아하죠. 몽실몽실 거품이 재미있고 기분 좋으니까요.
늘 목욕 시간만 기다릴 수는 없으니 예쁜 색깔의 거품으로 신나게 한번 놀아 볼까요?
거품을 직접 느껴 보고 만져 보면서 연상되는 것을 서로 이야기해 보고
표현해 본다는 아이들의 상상력도 쑥쑥 커지는 것을 느낄 수 있을 거예요.

Let's make it!

01 거품물감을 준비해 주세요.
▶ 거품물감이 없으면 바디워시에 물감을 섞어 사용해도 좋아요. 단, 눈에 들어가지 않도록 조심하세요.

02 바닥에 비닐을 깔고 그 위에 거품을 짭니다.

03 몽글몽글 거품으로 그림을 그려 보세요.

04 손가락으로 섞어 색이 변하는 과정을 느껴 보세요.

05 상상력 놀이를 해보세요. 아이스크림을 만들었어요.

06 한 손에 거품을 짜서 두 손을 마주잡은 후 펼쳐보며 대칭 놀이, 데칼코마니 놀이를 해도 좋아요.

tip

1 물감 놀이를 할 때는 재료를 탐색하면서 그 재료를 어떻게 활용하는지는 아이들에게 맡겨 보세요. 아이들의 창의력이 점점 커진답니다. 또 발로 거품을 느껴 보고 손과는 어떻게 다른지 이야기해 보세요.

2 아직 아이가 어려서 거품을 먹을 것 같다면 목욕할 때 엄마가 만든 것을 보여 주며 아이와 눈빛을 맞춰 보는 것도 좋습니다.

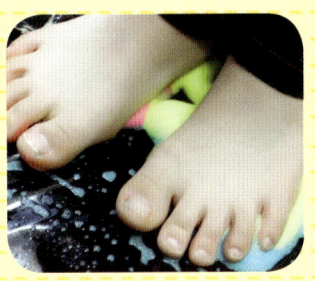

정서 발달 놀이 NO.84

깨끗한 나의 몸

준비물
물감, 전지, 비닐
유리테이프, 물총

놀이 나이
만 **3~5**세

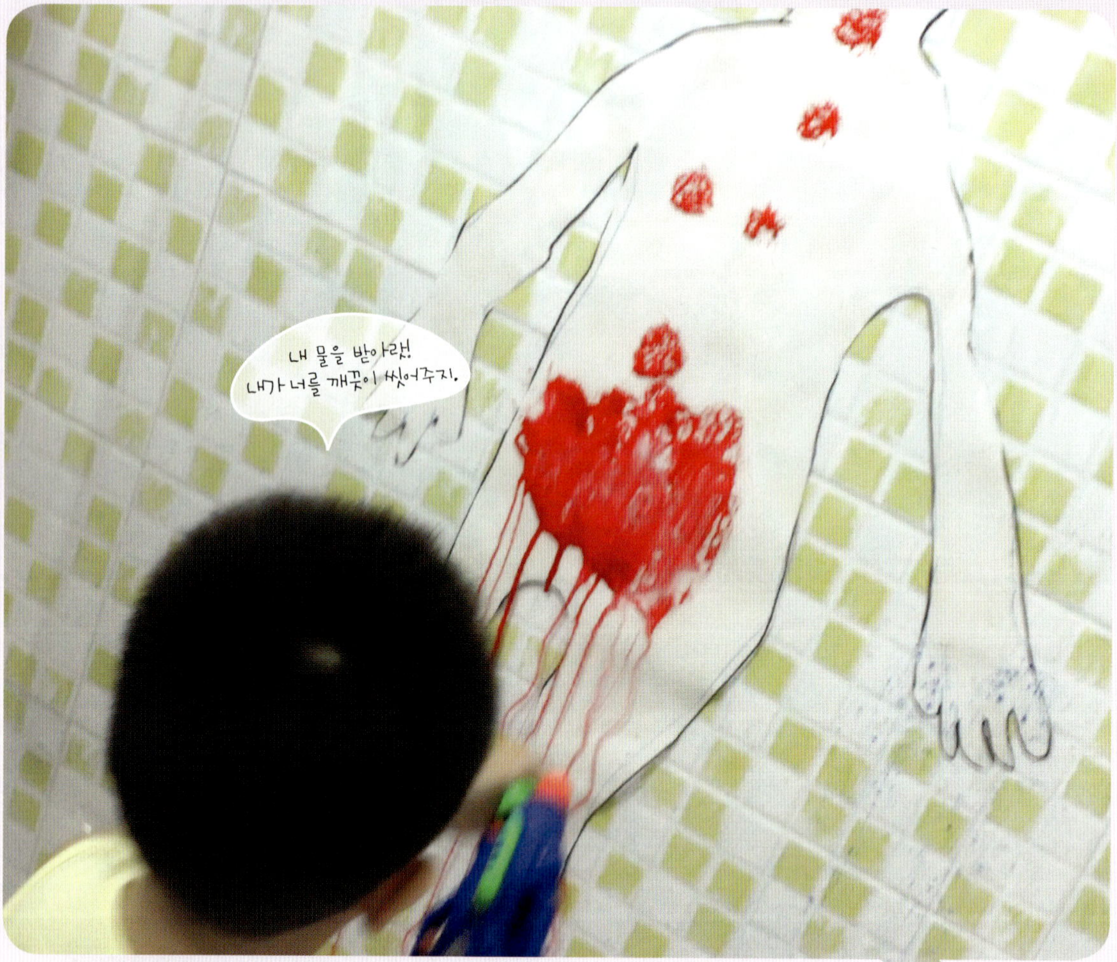

> 내 물을 받아라!
> 내가 너를 깨끗이 씻어주지.

물총 싸움은 언제 해도 신나요. 직접 사람을 쏘면서 놀아도 되지만
학습과 연계하면 다양한 응용이 가능하답니다. 목욕하기 싫어하는 아이들에게
'더러운 몸을 깨끗이 씻자'는 주제로 놀아 보았어요.
아이들이 더러워진 몸을 물총으로 씻어 주면서 깨끗해지는 것을 보고
자신의 몸도 깨끗하게 관리를 할 수 있답니다.

Let's make it!

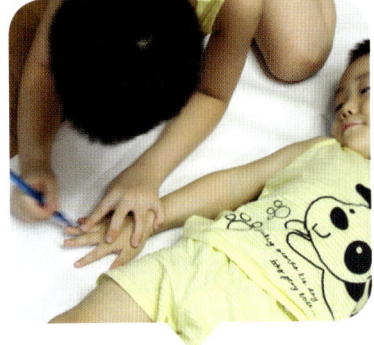

01 전지 위에 누워서 몸을 그려 주세요.

02 전지에 그린 그림을 가위로 자른 다음 얼굴도 그려 줍니다.

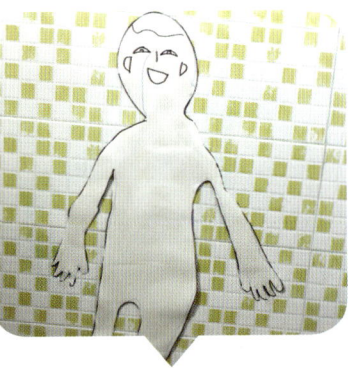

03 욕실에 몸 그림을 유리테이프로 붙여 주세요.

04 그림 위에 비닐을 씌워 주세요.

05 "놀이터에서 넘어지면 어떻게 될까?" "밥을 먹고서 음식을 떨어뜨렸네~" 같은 말을 하며 더러워진 몸을 표현해 주세요.

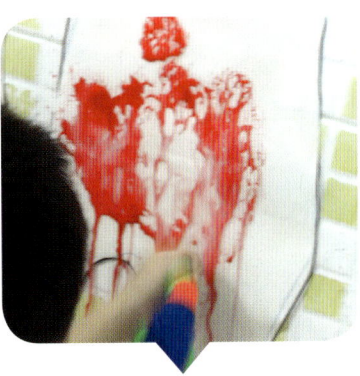

06 더러운 부분을 물총으로 씻어 주면서 몸을 깨끗이 만들어 주어요.

tip

❶ 아이들의 힘이 좋아서 물총이 부러지는 경우가 많아요. 그럴 땐 샤워기로 놀아도 좋아요.

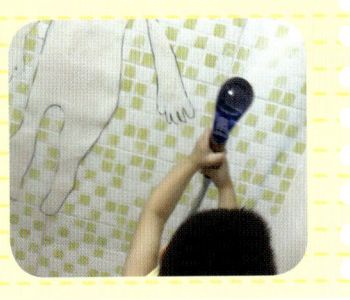

4장 정서 발달 놀이

정서 발달 놀이 NO.85
밀가루 미끄럼

준비물 비닐, 밀가루풀, 물감

놀이 나이 만 3~5세

조심해!
에 형 잡아줘.

미끄럼틀은 놀이터에 가면 아이들이 제일 먼저 타는 기구 중 하나예요. 타고 또 타고 몇 번을 타도 지겨워하지 않죠. 밀가루풀을 만들어서 위에서 아이들의 손을 잡고 끌어 주세요. 슝~ 넘어질 듯 말 듯 아슬아슬한 느낌도 느끼고 놀이터에서 밑으로 슝~ 내려오는 미끄럼틀보다 형이 끌어주는 미끄럼이 재미있다고 "하하, 호호" 웃음소리가 넘쳐난답니다.

Let's make it!

01 밀가루풀을 만들어 주세요.

02 바닥에 비닐을 깔아 주세요.

03 비닐 위에 밀가루풀을 올려놓고 손으로 얇게 펴 주세요.

04 그림을 살짝 그리면서 놀아 주세요.

05 비닐 안쪽 밀가루풀 위에는 동생이 앉고 비닐 밖에는 형이 서서 동생 손을 잡고 끌어 주세요.
▶ 끌어 주는 사람이 밀가루풀 안쪽에 있으면 미끄러지니까 비닐 밖에서 끌어 주어야 해요.

06 형제끼리 협동심을 키울 수 있게 서로 손을 잡도록 해 보세요. 형제끼리 자주 다투던 아이들도 돈독한 우애를 느낄 수 있어요.

 **tip**

❶ 밀가루풀 위에서는 미끌거리면서 아이들이 넘어지지 않으려고 중심 조절을 하게 됩니다. 2세 전후 아이들은 조절이 힘드니 넘어지지 않도록 엄마가 꼭 잡아 주세요.

❷ 색을 입혀서 발로 물감도 섞어 보고 발에 닿는 촉감을 느껴 보세요.

4장 정서 발달 놀이 **207**

정서 발달 놀이

개미 친구들

준비물
방울솜, 글루건
일회용 접시, 눈알 장식
철심, 목공용 풀

놀이 나이
만 **3~5**세

전 세계 어디든 개미가 없는 곳은 없어.

정말?

작은 몸으로 쉬지 않고 일하는 개미. 아이들은 작은 몸집에도 열심히 일하는 개미를 좋아하죠. 방울솜으로 귀여운 개미를 만들어 보고 표현해 보아요. 개미의 특징에 대해 공부하고 자세히 알 수 있는 시간이 된답니다. 아이들이 생각하는 개미의 모습은 어떠한지 담아 볼까요?

Let's make it!

01 방울솜에 풀을 살짝 붙여 주세요.

02 방울솜을 머리, 가슴, 배 세 등분으로 붙여 주세요.

03 눈알 장식을 붙여 주세요.

04 철심지를 잘라서 다리와 더듬이를 표현해 주세요.

05 일회용 접시에 ④의 개미를 붙여 주세요.

06 다른 색의 방울솜을 이용해서 먹이를 표현해 주세요. 개미들이 열심히 일하는 것처럼 보이죠?

 **tip**

❶ 개미하면 '어떤 상황에서도 열심히 일한다', '작다'라는 이미지가 떠오릅니다. 만드는 동안 개미의 특성에 대해 이야기하면서 개미처럼 항상 노력하는 사람이 되라는 의미 있는 교훈을 아이들에게 줄 수 있어요. 또 직접 만든 개미를 가지고 이야기를 꾸며 보는 것도 좋겠죠?

❷ 아이들이 놀이 재료인 방울솜으로 생일 케이크도 만들어 보고 여러 가지 꾸미기를 하는 것을 볼 수 있었어요. 본격적인 놀이를 하기 전에 아이들이 재료를 가지고 자유롭게 탐색하는 시간을 주면 창의력 발달에도 좋아요.

정서 발달 놀이 NO.87

소고 만들기

준비물
일회용 밥그릇, 막대기
작은 스티로폼, 포일, 끈

놀이 나이
만 **2~6**세

> 콩 콩 콩. 아싸 신난다!

> 재현아 이렇게 소고를 이용해서 춤 춰봐. 더 신나.

정월대보름에 공원에 갔을 때 아이들과 신나는 사물놀이 구경을 했어요.
학교 다닐 때 소고로 장단을 익히면서 배우던 생각이 났답니다.
손쉬운 재료를 이용해서 아이들에게 우리의 악기를 알려주고 같이 놀아 볼까요?
우리 것을 배우고, 직접 만들어 보고, 흥겹게 놀아도 보는 오감 놀이라
더욱 의미가 있어요.

Let's make it!

01 막대기를 포일로 감싸 주세요.

02 작은 스티로폼을 막대기 앞쪽에 꽂아 주세요. 채가 완성되었습니다.

03 막대기 두 개를 끈으로 꽁꽁 감아 주세요. 소고의 손잡이가 될 거예요.

04 일회용 밥그릇을 크레용이나 사인펜으로 예쁘게 꾸며 주세요.

05 일회용 밥그릇 두 개를 겹친 다음 중앙 부분을 가위로 잘라 주세요. 끈을 감은 손잡이를 꽂아 고정시킵니다.

06 아이들이 꾸민 소고 완성!

tip

❶ 아이들과 같이 장단에 맞춰서 소고를 두들기면서 놀아 보세요.

❷ 0~2세 아이들은 막대를 잡고서 두들겨 보는 동안 손의 힘도 기르고 청각도 자극시킬 수 있어요. 동요를 틀어 놓고 음악에 맞춰 쳐보면 박자감도 느낄 수 있어요.

정서 발달 놀이 NO.88

선인장 화분 만들기

준비물
스티로폼 볼, 장식용 방울솜
페트병, 물감, 포장지, 리본
침핀(진주핀), 가위, 글루건

놀이 나이
만 **3~5**세

> 선인장에 알록달록 꽃이 피었어요.

> 내 선인장은 햇빛을 많이 받아 짙은 녹색이에요.

선인장 꽃은 자주 보긴 힘들어요. 아주 가끔 피기 때문에 더 예뻐 보이죠. 하지만 가시가 있어 아이들이 선인장을 만지는 건 너무 위험해요. 식물책을 보면서 이야기를 나누다가 아이들에게 안전하게 선인장의 특징을 알려주면서 인테리어 효과도 누릴 수 있는 선인장을 만들어 보았어요. 재활용품을 이용한 알록달록 선인장, 꽃이 아주 예쁘죠?

Let's make it!

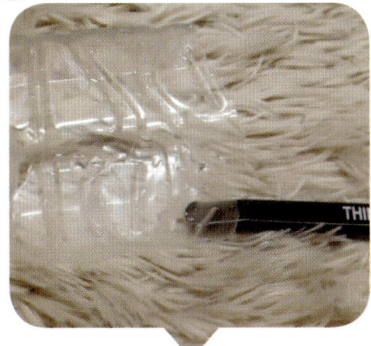
01 페트병을 반으로 잘라 주세요.

02 포장지로 페트병 전체를 감싸 주세요.

03 스티로폼 볼에 물감을 입혀 주세요.

04 색칠한 스티로폼 볼을 글루건을 이용해 ②의 페트병에 선인장처럼 붙여 주세요.

05 침핀을 꽂아 선인장의 가시를 표현해 주세요.
▶ 이쑤시개 같은 경우 양쪽이 모두 뾰족해 위험할 수 있으니 꽃을 만들 때는 진주핀을 이용하면 좋아요.

06 장식용 방울솜을 붙여 꽃을 표현해 주세요. 아이들이 꾸민 예쁜 선인장이 탄생했어요.

tip

❶ 스티로폼 볼에 물감을 입힐 때는 손에 묻기도 하고 깨끗하게 색칠하기가 어려워요. 계란판이 있으면 올려 놓고 보세요.
❷ 스티로폼 볼을 말릴 때는 종이 위에 올려서 말리면 붙어 버릴 수가 있어요. 이때도 계란판 위에 놓고서 말려주면 좋아요.

정서 발달 놀이 NO.89
조개 액자

준비물 조개, 일회용 접시, 끈, 글루건, 장식 재료, 아크릴물감

놀이 나이 만 3~5세

> 하얀 조개가 무지개 색이 되었어요.

바다에 다녀왔어요. 찰랑찰랑 치는 파도도 구경하고, 모래사장도 밟아 보고,
푸른 수평선을 바라보니 가슴속이 시원해지는 느낌이었지요.
집에 돌아와서는 바닷가에서 주워 온 조개, 소라 등으로
액자를 만들어 봤어요. 여행의 추억을 소중하게 담고 싶어서 만들었는데,
장식 효과도 그만이에요.

Let's make it!

01 조개를 준비해 주세요.

02 액자로 만들고 싶은 조개를 씻어서 말려 주세요.

03 아크릴물감으로 예쁘게 칠해 주세요.

04 일회용 접시에 장식 재료를 붙여 꾸며 주세요.

05 일회용 접시 뒤에 끈을 달아서 액자를 걸 수 있게 해주세요.

06 물감이 모두 말랐으면 조개를 붙여 주세요.

 **tip**

① 바다의 소리를 들어 볼까요? 소라에 귀를 기울여 보세요.
② 조개에 물감이 마르는 동안 남은 물감으로 신문지 위에 그림을 그려 보면서 물감 놀이를 해도 좋아요.
③ 바다에 가지 못해도 요리에 사용한 조개를 먹고난 후 씻어서 다시 이용해도 좋아요.

정서 발달 놀이 NO.90
키조개 그림

준비물
키조개, 아크릴물감
붓, 팔레트

놀이 나이
만 4~6세

조개는 종류에 따라 모양이 참 다양해요. 그중에서도 길쭉길쭉한 키조개는 아이들의 멋진 상상력을 담기에 충분할 만큼 크기도 커요. 집에서 맛있게 조개를 먹고 난 후 껍질을 말려 그림을 그려 보았어요. 버리기만 했던 조개껍질이 아이들의 페인팅으로 멋진 작품이 된답니다.

Let's make it!

01 키조개 껍질을 씻어서 말려 주세요.

02 키조개의 크기를 얼굴과 비교해 보세요.

03 아크릴물감으로 조개 위에 그림을 그려 주세요.

04 그림을 완성한 후에 말려 주세요.
▶ 그림을 말리는 동안 그림에 관련된 책을 읽어도 좋아요.

05 색지 위에 키조개를 올려서 꾸며 주세요.

06 아이들이 키조개 그림으로 상상 놀이를 해도 좋아요.

 **tip**

❶ 아직 어린아이들이라면 키조개를 접시 위에 놓고 촉감도 느껴 보고 모양도 비교해 보고 요리해서 미각도 느껴 보는 등 키조개의 특징을 다양하게 파악해 보세요.

정서 발달 놀이 NO.91

해파리를 조심하세요

준비물 목장갑, 테이프, 일회용 비닐봉지

놀이 나이 만 2~5세

여름이 되면 시원한 바다로 피서를 많이 가죠? 튜브 타고 파도 놀이도 하고, 바닷가에서 모래집도 짓고, 수영도 하고……. 그런데 꼭 해파리가 많이 출몰해서 위험하다는 뉴스를 접하게 돼요. 아이들에게도 조심하라고 일러두고 싶은데, 단순한 경고는 너무 딱딱하게 느껴질 수도 있어요. 아이들과 신문기사를 보고 놀이를 통해 안전교육을 해봤어요. 놀면서 안전교육까지 실시하니 아이들도 재미있게 학습하고 즐거워했답니다.

Let's make it!

01 목장갑과 비닐봉지를 준비해 주세요.

02 비닐봉지에 공기를 넣고 끝을 돌려서 묶어 주세요.

03 장갑 위에 공기를 넣은 비닐봉지를 테이프로 붙여 주세요.

05 목장갑에 손을 넣고 해파리 다리처럼 움직여 보세요.

06 신문, 책을 통해서 아이들과 해파리에 대한 안전교육을 실시하고, 상식을 가르쳐 주세요.

07 안전교육 후 해파리를 만나면 어떻게 해야 하는지 엄마가 해파리가 되어 보이면서 바른 행동을 가르쳐 주세요.

tip

❓ 엄마와 아이들이 서로 역할을 바꿔 해파리가 되어 보세요. 해파리가 된 아이들은 무슨 이야기를 꺼내 놓을까요?

정서 발달 놀이 NO.92

바다를 내 손에

준비물
일회용 컵, 실, 코팅지나 필름지, 사인펜, 물감 물, 가위

놀이 나이
만 **4~6**세

> 파란 바다 속에 오징어 한 마리가 살고 있어요.

시원한 느낌의 바다, 넓은 바다는 보고만 있어도 기분이 좋고 상쾌해져요. 아이들은 바닷속에 무엇이 살고 있는지, 어떻게 노는지에 대해 늘 궁금해합니다. 동화책도 바다에 관련된 책을 무척 좋아하죠. 아이들이 손 안에 담고 싶은 바다는 어떤 모습일까요? 음료를 마시고 난 컵을 이용해 바다를 꾸며 보아요.
컵과 물감, 간단한 재료만 있으면 정말 바다를 담아온 듯한 기분을 느낄 수 있답니다.

Let's make it!

01 일회용 컵을 준비해 주세요. 일회용 음료컵은 뚜껑에 구멍이 뚫려 있어요.

02 필름지를 준비해 주세요.
▶ 필름지가 없으면 코팅지로 코팅을 해서 이용해도 됩니다.

03 사인펜으로 바닷속 친구들을 그려 주세요.

04 가위로 아이들이 그린 그림을 잘라 주세요.

05 필름지에 실을 연결해서 뚜껑 부분에 붙여 주세요.

06 일회용 컵에 물을 넣고 물감을 풀어서 저어 주세요.

07 바닷속 친구들이 파란 물감 속으로 들어갈 수 있도록 뚜껑을 닫아 주세요.

 **tip**

❶ 아이들의 그림을 일회용 컵의 뚜껑에 실로 연결해서 달아 놓았더니 밑에서 보면 모빌 같아요. 모빌로 꾸며서 놀아도 좋답니다.

정서 발달 놀이 NO.93
필름 판화

준비물 필름지 두 장, 물감

놀이 나이 만 **2~5**세

> 이대로 필름을 벗기면 똑같은 그림이 두 개 생겨요.

손에 물감을 묻히는 것을 싫어하는 아이들에게 필름판화로 물감 놀이를 유도해 보세요. 손에 물감을 묻히지 않고도 물감으로 창의적인 놀이를 할 수 있어요. 투명한 필름 속 물감을 이리저리 밀면, 미끌미끌 자연스럽게 번지면서 모양이 만들어져요. 투명한 필름이라 모든 것을 직접 볼 수 있어 더욱 신납니다. 또 나중에 필름을 떼어 보면 두 개의 필름에 똑같은 그림이 있는 데칼코마니도 볼 수 있어 아주 재미있어 해요.

Let's make it!

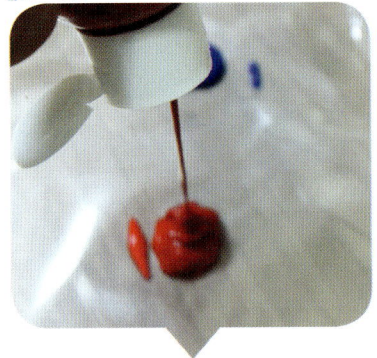

01 필름지에 물감을 짜 주세요.

02 물감을 뿌린 필름지 위에 나머지 필름지를 덮어 주세요.

03 손으로 물감을 밀어 주세요.

04 필름지를 문지를 때마다 물감들이 섞여 나가는 모습을 보세요.

05 필름지 한 장을 손으로 잡고 조심스럽게 펼쳐 보세요.

06 필름지 데칼코마니가 되었어요.

 **tip**

❶ 필름지 두 장을 겹쳐서 물감을 문지를 때 물감이 밖으로 빠져나갈 수 있어요. 물감을 짤 때는 처음부터 안쪽으로 짜도록 해주세요.

❷ 물감을 짤 때 여러 가지 색을 짜 주세요. 색깔이 서로 섞이면서 재미있는 모양과 색을 만들어요.

4장 정서 발달 놀이

정서 발달 놀이 NO.94

손가락 그림

준비물 붓, 핑거페인트, 스케치북, 크레파스

놀이 나이 만 2~5세

한 여름 나무가 많이, 많이 자라서 초록세상이 되었어요.

저녁노을로 주황색 세상으로 변한 모습이에요.

그림이라고 꼭 붓이나 크레파스, 색연필 등 도구를 이용해야 하는 건 아니에요. 손가락으로 그림을 그리는 것도 하나의 방법이랍니다. 아무 도구 없이 손가락으로 콕콕콕 물감을 찍어 보기도 하고, 미끌미끌한 물감의 감촉을 느껴 보는 사이 손끝의 감각도 발달할 수 있어요. 평소엔 늘 깔끔한 걸 강조했는데, 이렇게 마음대로 손에 묻혀도 되는 자유를 주면 아이들이 무척 신나겠죠?

Let's make it!

01 스케치북에 여러 가지 색의 크레파스를 칠해 주세요.

02 그 위에 핑거페인트를 붓으로 펴 주세요.

03 크레파스로 그린 그림을 모두 덮도록 핑거페인트를 충분히 칠해 주세요.

04 ③ 위에 손가락으로 그림을 그려 주세요.

05 7살 재현이의 그림

06 4살 재훈이의 그림

 **tip**

❶ 4세 전 아이들은 손가락 그림보다 손바닥으로 느끼는 것을 좋아하기 때문에 손바닥을 힘주어서 찍으면 그 부분이 도장을 찍은 것처럼 나와요.

❷ 핑거페인트를 구입하기 어려울 때는 밀가루 풀을 만든 후에 물감을 섞어 주면 됩니다.

정서 발달 놀이 NO.95
활짝 핀 꽃

준비물 한지, 고무줄, 펜, 보드(스케치북), 가위

놀이 나이 만 3~5세

> 우리 엄마에게 줄 평생 시들지 않는 꽃이에요.

알록달록 예쁜 꽃을 보면 기분이 참 좋죠. 아이들도 활짝 핀 꽃을 참 좋아합니다. 그런데 아무리 물을 주고 예뻐해 줘도 결국 시들어 버린다며 우울해 하곤 하죠. 시들지 않는 꽃이 있다면 좋을 텐데. 우울해 하는 아이들을 위해 시들지 않는 꽃을 만들어 봤습니다. 아이들이 언제나 활짝 핀 꽃처럼 밝고 활기차길 바래봅니다.

Let's make it!

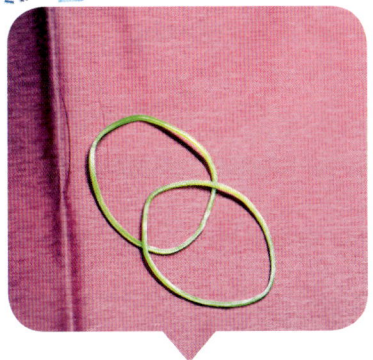

01 한지와 고무줄을 준비해 주세요.

02 한지를 부채를 접듯이 앞뒤로 번갈아 최대한 많이 접어 주세요.

03 중앙을 고무줄로 묶어 주세요.

04 고무줄로 묶은 부분을 접고 종이의 끝을 가위로 동그랗게 잘라 주세요.

05 종이를 한 장 한 장 펴 주세요. 한지가 찢어지지 않게 조심합니다.

06 카네이션 같기도 하고 장미 같기도 한 예쁜 꽃이 완성되었습니다.

 **tip**

❶ 보드 위에 줄기와 잎을 그려서 꽃을 완성해 보기도 하고, 머리에 올려 보기도 하면서 아이들과 꽃으로 표현할 수 있는 최대한 많은 방법을 표현해 주세요.

정서 발달 놀이	NO.96

점을 콕콕 찍어 그림을 그리자

준비물 물풀, 물감, 나무젓가락, 종이, 종이컵

놀이 나이 만 1~4세

> 점이 꼭 조개껍질 모양 같지요? 밤하늘에 떠 있는 조개껍질 모양 별이에요.

손에 물감이 묻는 것이 싫어서인지 물감 놀이를 싫어하는 아이들이 꽤 많습니다. 우리 아이도 처음에는 참 싫어했어요. 그래도 옆에서 계속 칭찬해 주고 함께 놀아 주니 지금은 물감 놀이를 너무 좋아합니다. 물감은 다양한 색만큼 할 수 있는 놀이도 다양해 아이들의 호기심을 끌기에 좋아요. 오늘은 점을 콕콕 찍어 그림을 완성하는 도트 물감 놀이를 해보면 어떨까요?

Let's make it!

01 물풀을 준비해 주세요.

02 물풀의 속뚜껑을 열어서 종이컵 등에 덜어 내 주세요.

03 물풀 통 안에 물감을 짜서 넣어 주세요.

04 물풀과 물감이 잘 섞이도록 나무젓가락으로 저어 주세요.

05 풀과 물감이 잘 섞였는지 종이에 찍어 보세요.

06 아이들이 마음껏 찍어 그림을 그려보도록 하세요. 손에 묻지 않고 물감 놀이를 할 수 있어요.

tip

❶ 아이들이 그린 그림을 서로 겹쳐 붙였다 떼어 보세요. 데칼코마니 효과에 판화 느낌까지 다양한 효과를 느낄 수 있습니다.

❷ 밝은 색 물감을 이용할 때는 색이 눈에 잘 띄게 검은색 종이를, 어두운 색 물감을 이용할 때는 흰색 종이를 사용하는 것이 좋습니다.

정서 발달 놀이 NO.97	준비물	놀이 나이
# 나는 탐험가	공룡이나 장난감 모래, 돋보기	만 **3~5**세

> 돋보기로 보니 엄마가 얼굴이 엄청 커요.

> 내가 미래의 공룡박사

고대 보물을 찾아 모험을 떠나는 영화 〈인디아나 존스〉 생각나세요?
아이들 중에 고고학자가 꿈인 아이들도 있죠. 사실 아이들은 오래된 것을 찾는 것보다
찾는다는 그 상황과 행동에 기쁨을 느껴요. 이렇게 호기심이 많은 아이들을
위해서 탐험 놀이를 함께했어요. 힘들게 물건을 찾는 연기까지 완벽하게
해내는 아이들이 얼마나 귀여운지…… 아이들과 함께 신나는 탐험을 떠나 볼까요?

Let's make it!

01 모래와 친해질 수 있도록 모래를 탐색하는 시간을 갖도록 해 주세요.

02 아이들이 좋아하는 장난감을 준비해 주세요. 공룡 장난감들이에요.

03 군데군데 흙을 파 주세요.

04 공룡을 넣고 그 위에 흙을 덮어 주세요.

05 돋보기를 들고서 흙을 살살 파면서 공룡을 찾아 주세요.

06 누가 공룡을 더 많이 찾을까요? 찾은 공룡을 돋보기로 자세히 들여다보면서 놀아요.

tip

❶ 모래를 평평하게 펴놓고 공룡 인형이나 자동차 등을 찍어 발자국 놀이를 해도 재미있어요. 모래를 만진 후에는 꼭 손을 씻도록 지도해 주세요.

❷ 돋보기를 들고 집 안, 손바닥, 옷 등 다양한 대상을 탐색해 보세요. 육안으로 볼 수 없었던 것이 보이면서 새로운 시각이 생깁니다.

4장 정서 발달 놀이 231

정서 발달 놀이   NO.98

내가 꾸미는 나무

준비물 물감, 절연 테이프, 붓

놀이 나이 만 2~5세

물감을 여기저기 마구 흩뿌려도 목욕탕 안에서는 엄마에게 혼나지 않아 좋아요.

옷이 더러워지는 물감 놀이가 부담스러울 때 활용하면 좋은 놀이를 알려드릴게요. 목욕하기 전 부담 없이 물감을 갖고 노는 거예요. 목욕 전에 5분 정도 욕실 벽에 원하는 대로 그림을 그리면서 놀아 보세요. 아이들이 목욕 시간만 기다리게 된답니다. 책에서 읽었던 내용을 기억해 계절이 바뀔 때마다 나무가 어떻게 변하는지 표현해 봤어요.

Let's make it!

01 절연 테이프를 준비해 주세요.

02 절연 테이프로 예쁜 나뭇가지를 만들어 주세요.

03 붓에 물감을 묻혀 그림을 그려 주세요.

04 콕콕 찍어서 점묘법으로 나뭇잎을 표현해 주세요.

05 다양한 색으로 표현도 해보고 샤워기로 "나뭇잎이 떨어져요"라고 말을 하면서 나뭇잎을 없애 보세요. 그리고 다른 색감의 나무도 꾸며 보세요.

06 소풍 온 상상을 하며 아이들이 그린 나무 앞에서 찰칵~ 기념 사진도 찍어요.

tip

❶ 목욕탕에서 놀 때는 바닥에서 미끄러지지 않도록 조심하세요. 욕실에서 나무를 꾸며 보고 놀았다면 다 씻고 나와서는 책을 통해서 한 번 더 사계절 나무의 변화에 대한 공부를 해요.

❷ 2세 전후 아이들은 절연 테이프를 조절하기 힘들기 때문에 엄마가 테이프를 5cm씩 잘라서 세면대에 붙여 두면 아이들이 스티커처럼 붙일 수 있어 좋아요.

정서 발달 놀이

아하하~ 인디언 모자

준비물 나뭇잎, 종이, 유리테이프, 색연필

놀이 나이 만 2~5세

> 형, 손가락 두 개를 입에 갖다 대면 안녕이라는 인디언식 인사라고 정했지?

> 맞아, 이렇게 볼에 대면 잘가라는 인사고.

인디언 놀이는 자연과 친숙해지는 놀이예요. 우선 아이와 손잡고 동네 한 바퀴 돌아볼까요? 산책하는 동안 이야기도 나누고 떨어진 나뭇잎도 모아 보세요. 주워온 나뭇잎으로 인디언 모자도 만들어 보고 "아하하~" 흉내도 내면서 신나게 놀아 본다면 아이들 얼굴에 웃음이 가득하겠죠?

Let's make it!

01 아이들과 동네를 돌면서 나뭇잎을 비교해 보세요. 여러 종류의 나뭇잎을 비닐봉지에 담아 옵니다.

03 나뭇잎을 물티슈로 깨끗하게 닦아 주세요.

03 종이를 길게 잘라서 붙여 띠를 만들어 주세요.

04 색연필로 띠를 꾸며 주세요.

05 동그랗게 띠를 돌려 꾸며 주세요.

06 나뭇잎을 띠 위에 세워서 유리테이프로 붙이면 모자 완성!

 **tip**

❶ 페이스 페인팅용 크레용으로 서로의 얼굴을 꾸며 보세요.
❷ 나뭇잎을 모아서 집에 들고 왔을 때 모양별 색깔별로 나누어 보면서 분류, 분석해 보고 돋보기를 이용해서 잎맥을 관찰해 보아요. 자연관찰 책과 연계하여 독후 활동을 해주어도 좋답니다.

정서 발달 놀이 NO.100

나뭇잎 그림으로 자유시간

준비물 나뭇잎, 종이, 색연필, 가위, 풀, 색지

놀이 나이 만 **2~5**세

> 다양한 잎사귀 모양으로 나만의 나뭇잎 수집 노트를 만들었어요.

> 하늘에 보라색 구름이 떠다녀요.

나뭇잎은 종류도 다양하고 크기도 다양하죠. 공원이나 가까운 산에 갔을 때 떨어져 있는 나뭇잎들을 하나둘씩 주워 보세요.
집에 와서 자연관찰책을 펼쳐놓고 나뭇잎의 특징을 알아본 다음, 나뭇잎을 이용해 작품을 만들어 보는 것도 좋아요.

Let's make it!

01 다양한 나뭇잎을 구해 주세요. 나뭇잎을 보며 특징을 서로 이야기해 봐요.

02 나뭇잎 위에 종이를 올려놓고 색연필로 색을 입혀 주세요.
▶ 종이가 너무 두꺼우면 잎맥이 안 살아나요.

03 한 손으로 나뭇잎과 종이를 고정하고 색연필을 칠해 주세요.

04 나뭇잎 모양에 색이 입혀졌으면 가위로 오려 주세요.

05 색지에 나뭇잎 모양 종이를 붙이며 꾸며 주세요.

06 나뭇잎 그림이 완성됐어요.

tip

❶ 색연필의 방향과 힘의 조절에 따라서 나뭇잎이 다르게 느껴지고 표현됩니다. 아이들이 색을 입히면서 근육의 움직임을 느낄 수 있답니다.

❷ 0~2세 아이들은 색연필을 주면 잡고 있는 힘껏 칠을 해요. 많이 칠해 볼수록 손에 힘이 생겨요. 엄마가 나뭇잎과 종이를 잡아 주고 아이가 색연필로 마구 색을 입혀서 천천히 나뭇잎이 나타나는 모습을 관찰할 수 있도록 해 주세요.

정서 발달 놀이 NO.101

날씨 표현하기

준비물 스케치북, 휴지, 물감, 풀

놀이 나이 만 2~5세

> 하늘에 구름이 가득하면 비나 눈이 와요.

> 봄에 비가 온 다음에는 꼭 불이 난 것처럼 꽃이 피어요.

아이들은 날씨와 관련된 놀이를 좋아해요. 비가 오고 눈이 오고, 또 해가 나고……. 이런 계절의 변화를 신기해하죠. 아침마다 일어나면 오늘 날씨는 어떤지, 아이는 어떤 날씨를 좋아하는지 이야기를 나눠 보는 과정에서 계절에 따라 달라지는 날씨의 특징을 알아볼 수 있답니다. 그림으로 표현하는 방법도 날씨 공부에 도움이 되겠죠.

Let's make it!

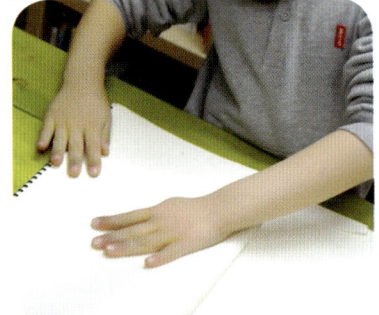

01 먼저 스케치북을 반으로 접어 주세요.

02 왼쪽 오른쪽에 우산 모양을 그려 주었어요.

03 휴지를 이용해 비가 오고, 눈이 오는 것을 표현해 주세요.

04 휴지를 마구 뜯어 손으로 뭉쳐 보기도 해요.

05 스케치북에 풀칠을 하고 그 위에 휴지를 붙여 구름, 하늘을 표현해 주세요.

06 손에 물감을 묻혀 눈 오는 날, 비오는 날을 표현해 주세요.

tip

❶ 물감을 묻혀서 손으로 표현하고 싶은 대로 표현해도 좋아요. 붓을 이용하는 그림도 좋지만 손을 이용한 물감놀이는 아이들 정서에 더 좋답니다.

❷ 0~2세 아이들이라면 휴지 양쪽 끝을 마주잡고 잡아당기면서 끊어 보는 놀이를 해보세요. 함께하면 협동심도 생긴답니다.

정서 발달 놀이 NO.102

봄 여름 가을 겨울

준비물 나무젓가락, 색종이, 글루건, 솜, 빈 통, 물감

놀이 나이 만 3~5세

20분 만에 봄, 여름, 가을, 겨울이 지나가 버렸어요.

난 알록달록 단풍지는 가을이 제일 좋아.

봄, 여름, 가을, 겨울의 변화는 나무를 통해서 많이 표현해 주죠.
아이들과 만들기 놀이를 하면서 계절의 변화를 이야기해 보고 특징을 알아가고,
표현해 보세요. 아이들과 봄, 여름, 가을, 겨울 하면 생각나는 추억도
함께 이야기해 보세요. 아이들은 계절마다 어떤 추억을 갖고 있는지
알 수 있는 소중한 시간이 될 수 있어요.

Let's make it!

01 나무젓가락을 잘라 주세요.
▶ 뾰족한 끝부분은 바닥에 콕콕 찍으면서 다듬어 주세요.

02 글루건으로 붙여 가면서 나무틀을 완성해 주세요.

03 색종이나 솜의 색을 계절에 맞게 선택해서 잘라 주세요.

04 나무를 물감으로 색칠해 주세요.

05 빈 통에 나무를 꽂아 주세요.

06 4개의 나무 위에 사계절을 표현해 주세요.

 **tip**

❶ 놀이를 하기 전에는 아이들과 자연관찰 책이나 계절에 관한 책을 보고 이야기를 나누어 보세요. 공부한 것을 만들기로 표현하면 표현력과 사고력이 더 좋아질 수 있어요.

4장 정서 발달 놀이 **241**

정서 발달 놀이 NO.103

알록달록 나무

준비물
나뭇가지, 키친타월, 물감
종이컵, 포장 재료, 신문지
글루건

놀이 나이
만 **3~6** 세

쉽게 구할 수 있는 자연물을 놀이 재료로 활용해 보세요.
재료를 구하러 같이 다니고 그 재료로 아이들과 다양하게 꾸며 보면
하찮은 것도 소중하게 다가오게 되죠. 평소에 지나쳤던 자연물들이
이젠 아이들의 손에서 더 새롭고 멋지게 태어난답니다.

Let's make it!

01 자연물을 준비해 주세요.

02 글루건을 이용해서 나무 형상을 만들어 주세요.

03 신문지를 마구 찢어서 뭉친 다음 종이컵 속에 넣어 주세요. 그리고 ②의 나무를 가운데에 심어 주세요.

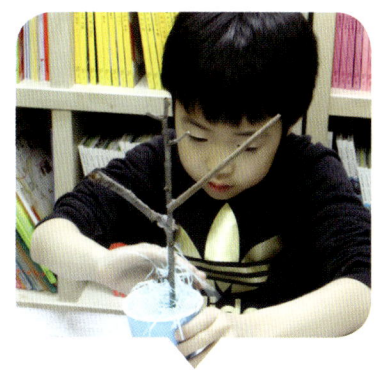

04 포장 재료로 신문지를 가려 주듯 예쁘게 덮어 주세요.

05 물감을 푼 다음 키친타월을 적셔 주세요. 그런 다음 키친타월이 마를 수 있도록 잘 펴줍니다.

06 말린 키친타월을 잘라서 작은 사이즈로 접어 주세요.

07 꽃처럼 알록달록하게 물감이 묻은 종이꽃을 달아 주세요.

 **tip**

❶ 물들인 키친타월을 살짝 돌려서 꽃봉오리처럼 포인트를 줄 수 있답니다.
❷ 예전에 아이들이 만든 무당벌레나 나비 등을 이용해 나무와 함께 숲속 느낌을 연출해 보고 예쁜 동화를 꾸미는 것도 좋아요.

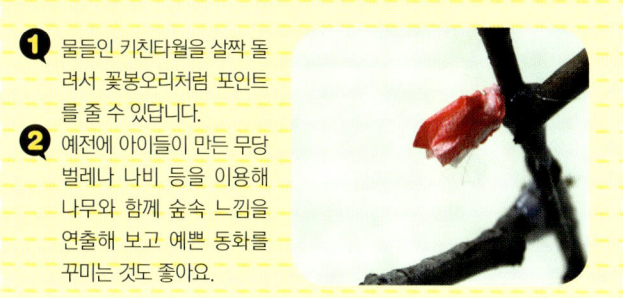

정서 발달 놀이 NO.104

알록달록 종이컵 꽃 만들기

준비물
종이컵, 나무젓가락, 펠트지
글루건, 가위, 사인펜(색연필)
빈 통(요쿠르트통)

놀이 나이
만 **3~6**세

> 내가 좋아하는 코스모스입니다.

> 하루 종일 해만 바라보는 키다리 꽃 해바라기예요.

일회용 종이컵을 한 번 쓰고 버리기에 아까웠다면 오늘은 예쁜 꽃을 만들어 봐요.
세상에는 예쁜 꽃들이 참 많아요. 사람마다 좋아하는 꽃이 다르듯이
아이들이 만들고 싶은 꽃도 따로 있을 거예요. 아이들이 좋아하고 만들고 싶은
꽃에 대해 이야기도 나누어 보고 직접 만들어 보면서
꽃의 특징도 느끼고 배울 수 있답니다.

Let's make it!

01 종이컵을 가로로 6~8등분으로 잘라 주세요.

02 가로로 자른 종이컵을 뒤로 젖혀 주세요.

03 두 개의 종이컵을 엇비슷하게 끼워 주세요.

04 요구르트통이나 빈통을 펠트지로 감싸 주세요.

05 종이컵 중심에 나무젓가락을 글루건으로 고정시켜 준 후 펠트지로 뚜껑을 만들어 덮어 주세요.

06 꽃잎을 예쁘게 꾸민 후 나무젓가락에 붙여 주세요.

 **tip**

❶ 서로 크기도 맞지 않고 삐뚤빼뚤하게 종이컵을 잘라도 가위질을 하면서 소근육이 발달되기 때문에 너무 모양에 신경 쓰지 않도록 해요.
  ❶ 6~8등분만 잘라도 좋아요.
  ❷ 끝부분을 둥글게 잘라도 좋아요.
  ❸ 끝부분을 살짝 말아도 좋아요.

정서 발달 놀이

우유갑으로 만든 동물 인형

준비물 우유갑, 색종이, 스티로폼 가위, 풀, 눈알장식

놀이 나이 만 3~6세

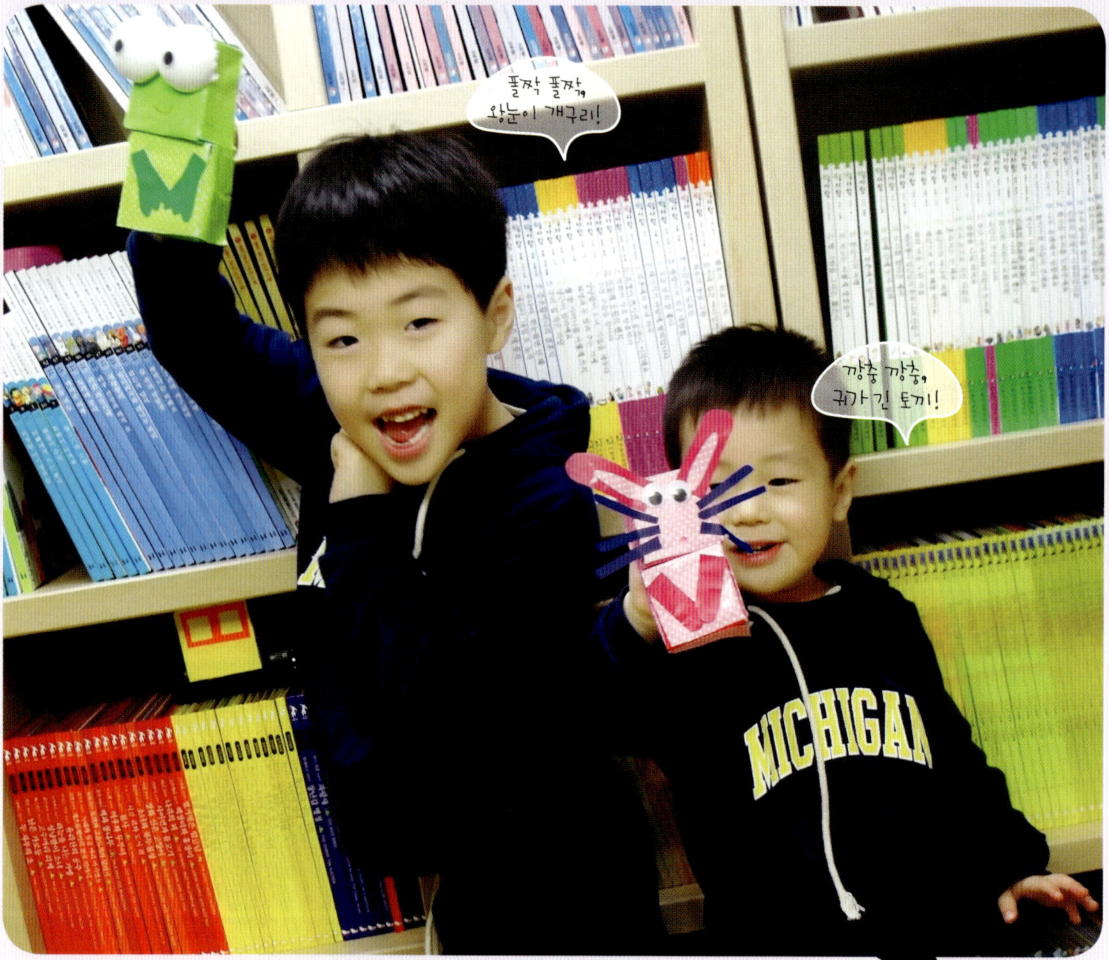

풀짝 풀짝 왕눈이 개구리!

깡충 깡충 귀가 긴 토끼!

아이들 동화책과 책을 읽다 보면 동물들이 참 많이 등장해요.
아이들이 쉽게 받아들이고 친숙하기 때문에 그런 것 같아요. 아이들이 직접
동물들을 만들어 본다면, 동물들이 된다면 뭐라고 속삭일까요?
동물들의 특징도 알 수 있고 그 특징을 살려서
우리 아이만의 스타일로 소화해내는 것을 지켜볼 수 있어요.

Let's make it!

01 우유갑을 깨끗이 씻어서 말린 후 윗부분을 눌러서 붙여 주세요.

02 삼면을 잘라 주세요. 한 면은 뒤로 뒤집어서 활용할 부분이니 그대로 두세요.

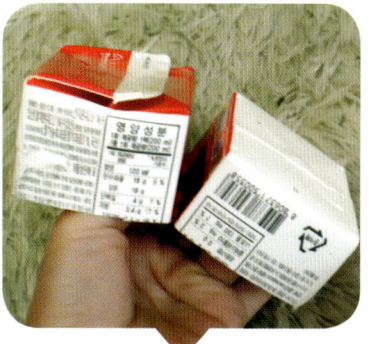

03 손을 넣어서 움직이는 인형처럼 활용할 거예요.

04 색종이로 동물들의 특징을 담아낼 수 있도록 꾸며 주세요.

05 스티로폼 공은 반으로 잘라 주세요.
▶ 개구리를 표현할 때는 왕눈이 눈을 표현하는 데 이용된답니다.

06 눈을 붙이면 개구리, 토끼의 특징을 담은 우유갑 인형이 완성됩니다.

tip

❶ 아이들이 좋아하는 동물, 제일 표현하고 싶은 동물은 뭘까요? 그 동물의 특징을 이야기해 보고 자연관찰 책을 보여 준 후에 같이 만들면 좋습니다. 다 꾸미고 난 후에는 우유갑에 손을 넣고 동물들이 이야기하듯이 움직여 보기도 하고 동화 구연을 하듯이 아이들과 인형극을 펼치면서 활용하면 좋아요

❷ 책 속에서 보던 동물들이 입체 인형처럼 만들어져 있기 때문에 0~2세 아이들은 모든 물체가 살아 있는 것 같은 느낌을 가져요. 엄마가 움직여 주는 동물 인형에 호기심을 가진답니다. 책을 읽기 싫어하는 아이들에게는 동물이 읽어 주는 듯 엄마가 연기를 하면서 책과 친해질 수 있도록 이끌어 주면 좋답니다.

4장 정서 발달 놀이 **247**

정서 발달 놀이 NO.106

일회용 접시 물고기

준비물
일회용 접시, 신문지, 스티커, 장식 재료, 가위, 풀

놀이 나이
만 2~4세

일회용 접시는 음식을 낼 때 사용하기만 했는데 가끔 아이들의 미술 놀이에 활용하면 색다르게 표현할 수 있어서 좋답니다. 요즘은 일회용 접시도 색이 예쁘게 나와요. 그래서 놀이 재료로 더 예쁘게 표현이 가능하답니다.
돼지는 "꿀꿀", 소는 "음메~" 그럼 물고기는?
물어보면 입만 뻥긋뻥긋거리죠. 물고기 흉내도 내어 보면서 알록달록 물고기를 직접 꾸며 봐요.

Let's make it!

01 신문지를 잘라 주세요. 쭈욱 찢어 주세요.

02 일회용 접시를 반으로 접은 후 찢은 신문지를 겹쳐서 접시 사이에 끼워 주세요.

03 간단하게 물고기 모양의 틀이 나왔어요.

04 눈도 붙여 주고 물고기의 화려한 모습을 표현해 주세요.

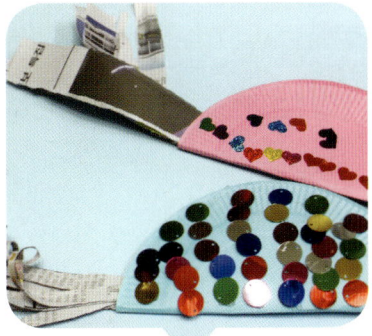

05 아이들이 원하는 대로 만들어 주세요. 신문지 꼬리를 말아도 좋답니다.

06 물고기 흉내도 내어 보면서 놀아 볼까요?

 **tip**

❶ 책에서 보았던 물고기, 수족관에서 넋을 잃고 바라보던 물고기보다 아이들이 만든 물고기가 훨씬 예뻐요. 만든 물고기로 수족관이나 바다를 꾸며도 좋답니다. 자연관찰 책이나 무지개 물고기 책 독후 활동으로 좋아요.
❷ 0~2세 아이들은 신문지 찢기 놀이를 추천해요.

정서 발달 놀이 NO.107

스타킹으로 만든 잠자리

준비물
구멍난 스타킹, 철심
목공용 풀, 작은 스티로폼
눈알장식, 글루건, 끈
나무젓가락

놀이 나이
만 **4~7** 세

> 꼬리가 빨간색은 고추잠자리라고 해요.

> 날개가 아니라 꼬리를 잡아도 하나도 무섭지 않아요.

아이들을 데리고 외출할 때면 엄마는 스타킹 신기도 힘들어요.
아이들 신발 찍찍이에 붙어 스타킹이 찢어져 버리기 때문이죠.
찢어지고 구멍 난 스타킹으로 무얼 할까 고민하다가 잠자리 날개가 생각났어요.
겁이 많은 아이들은 아빠가 잠자리를 잡아서 손에 쥐어 주려고 해도
무서워서 엄마 뒤에 숨어 버리곤 하잖아요. 집에서 잠자리를 만들어 보면
마음껏 만져 볼 수 있고 인테리어 효과도 낼 수 있어요.

Let's make it!

01 철심으로 잠자리의 틀을 만들어 주세요.

02 목공용 풀을 발라 주세요.

03 스타킹으로 잠자리 날개를 감싸 주세요.

04 끈으로 마무리를 해 주세요.
▶ 글루건으로 끈을 고정시켜 줍니다.

05 작은 스티로폼으로 스타킹을 감싸서 눈을 표현해 주세요.

06 나무젓가락이나 막대를 줄로 감싸 주세요.

07 잠자리를 막대에 붙이고 눈알 장식까지 붙여 주면 잠자리 완성!

 **tip**

❶ 잠자리를 만들고 난 후에 책을 연계해서 독후 활동을 해주면 잠자리의 특징도 알 수 있답니다. 이렇게 만들기를 할 때는 재료도 그 특성에 맞게 최대한 비슷한 것으로 준비하면 좋아요.

정서 발달 놀이 NO.108

알록달록 비닐 풍선

준비물 색종이, 비닐봉지, 매직 유리테이프, 풍선 빨대

놀이 나이 만 2~4세

풍선을 들고 다니면 아이들은 기분이 좋은가 봐요. 놀이동산에 가도 공원에 가도, 집 앞 문구점에만 가도 아이들은 풍선만 보면 사달라고 졸라대죠.
사실 아이들이 어릴 때는 부는 힘이 약해서 어른들이 늘 풍선을 불어 주어야 해요.
그럴 때 집에서 흔히 구할 수 있는 비닐로 풍선을 만들고 꾸며 보세요.
돈을 주고 사는 풍선과는 다른 재미를 느낄 수 있어요.

Let's make it!

01 비닐봉지 위에 매직으로 그림을 그려 주세요.

02 그림을 그린 후에는 매직이 마르도록 비닐봉지를 펼쳐 주세요.

04 색종이를 마구 찢어 ②의 비닐봉지 안에 넣어 주세요.

05 봉지 입구 쪽을 좁게 만든 후에 "후~" 불어 주세요.

06 바람을 넣은 후에 비닐봉지를 돌돌 말아서 꼬아 주세요.

07 유리테이프로 풍선 빨대에 고정시켜 주세요.

08 비닐 풍선 완성! 풍선을 흔들면 색종이가 바스락거리는 소리가 들린답니다.

 **tip**

❶ 0~2세에겐 비닐 풍선이 고무 풍선보다 안전한 재료가 돼요. 색종이를 비닐 속에 넣고 직접 바람을 불어 넣고 흔들며 소리도 들어 보세요.

4장 정서 발달 놀이

정서 발달 놀이 NO.109

뽀글뽀글 거품 놀이

준비물 비눗방울액, 굵은 빨대, 빈 컵, 물, 물감, 종이, 물통, 젓가락

놀이 나이 만 4~6세

> 그럼, 절대 안 돼.

> 형, 빨대를 빨면 안 되는 거지?

비눗방울 놀이는 아이들이 무척 좋아하는 놀이예요.
늘 하던 방식 말고 새로운 비눗방울 놀이에 도전해 볼까요?
아이들과 비눗방울로 뽀글뽀글~ 거품 소리도 들어 보고 거품의 움직임도
느껴 보며 다양한 미술 놀이를 할 수 있어요.
빨대를 부는 동안 입술 소근육을 발달시킬 수도 있어요.

Let's make it!

01 물통에 비눗방울액과 물을 넣어 주세요.

02 물통을 흔들어 주세요.

03 빈 통에 물감을 짜고, ②의 비눗방울액을 넣어 주세요.

04 젓가락으로 색이 나타나도록 저어 주세요.

05 굵은 빨대로 후~ 불어 보세요. 뽀글뽀글 소리도 들어 보면서 거품이 만들어지는 모습을 관찰합니다.

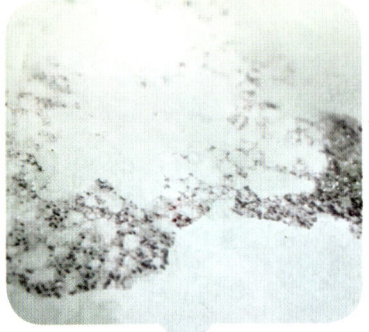

06 종이 한 장을 ⑤의 컵 위에 살짝 눌러 주세요. 거품의 모양이 그림처럼 찍혀 나온답니다.

tip

❶ 뽀글뽀글 거품이 커지는 만큼 아이들이 다양한 상상력을 키우게 된답니다. "엄마 화산 같아요", "엄마 솜사탕 같아요" 등 다양한 표현력도 키울 수 있어요.

❷ 거품을 후~ 불어 보면서 거품의 움직임을 관찰해 보세요. 가벼운 거품이 날아가는 모습도 재미있답니다.

정서 발달 놀이 샌드위치 그림

준비물
샌드위치, 위생비닐, 생크림 딸기잼

놀이 나이
만 3~5세

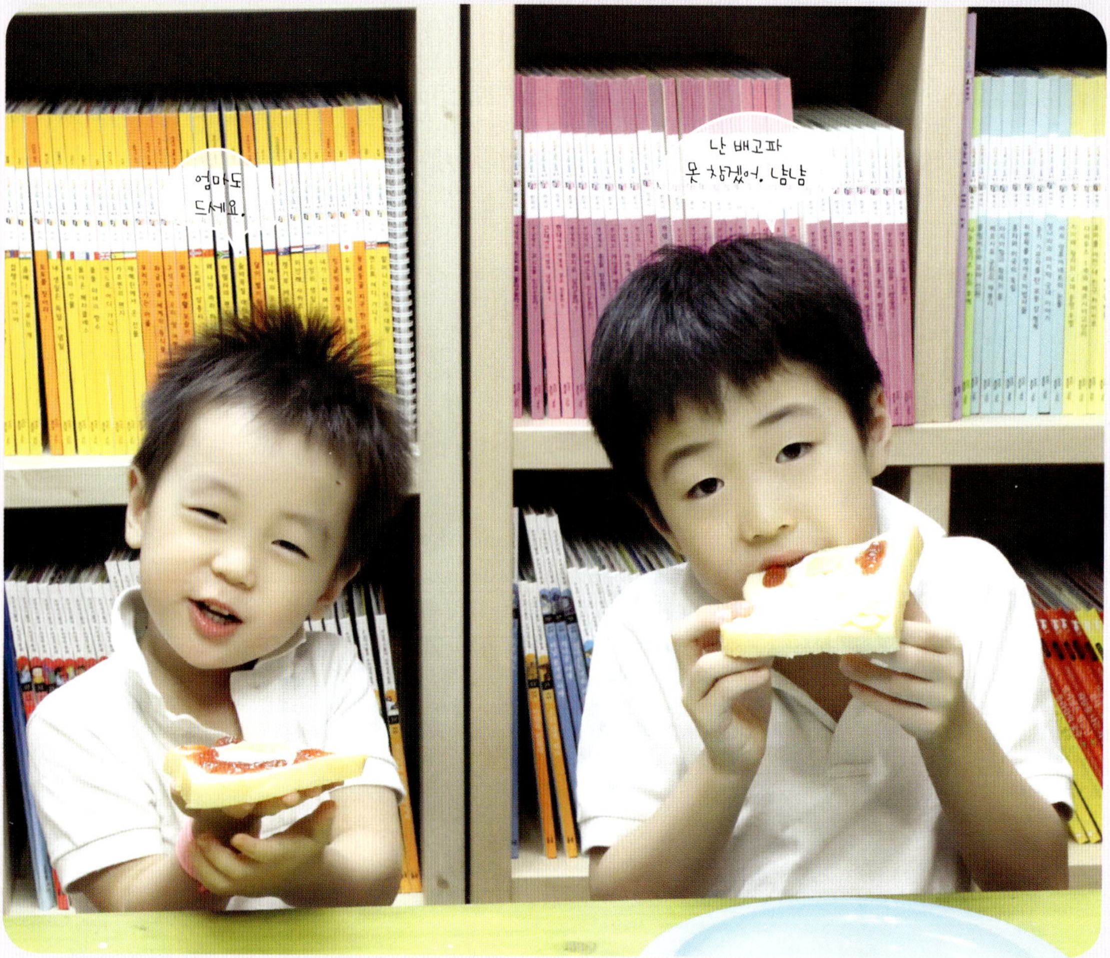

아이와 함께 놀아 주는 시간이 더 많아야 하는데, 매끼 영양 잡힌 식사에 간식까지 신경 쓰다 보면 엄마는 주방에 있는 시간이 더 많을 수밖에 없어요.
주방에 있는 시간을 줄일 수 있는 방법이 없을까요?
아이들 간식을 놀이와 함께 만들어 보면 아이와 시간을 함께 보내니 엄마도, 아이도 즐거워진답니다. 자신들이 만든 간식을 맛있게 먹는 아이들의 모습이 얼마나 예쁜지 몰라요.

Let's make it!

01 생크림을 준비해 주세요.

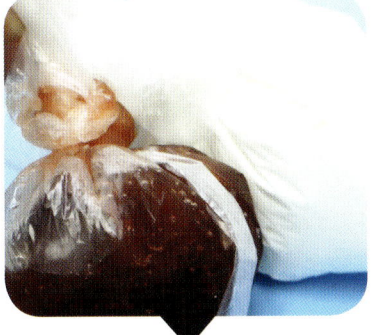

02 비닐 속에 딸기잼이나 생크림을 넣어서 묶어 주세요.

03 비닐의 한쪽 모서리를 가위로 조금만 잘라 주세요.
▶ 아주 조금만 잘라 주세요. 그렇지 않으면 생크림이 너무 많이 나와요.

04 식빵 위에 생크림을 쭈욱 짜 주면서 그림을 그려 주세요.

05 딸기잼이나 아이들이 좋아하는 다른 잼으로 색을 입혀도 좋고, 다양하게 꾸며 주세요.

06 모양을 내어 자른 치즈를 식빵에 얹어 주세요. 자르기 힘들면 그냥 꾸며도 좋아요.

tip

❶ 간식을 직접 만들어서 먹으면 아이들도 좋아해요. 아이들이 잼을 너무 많이 짜버리면 달 수도 있으니까 식빵 하나를 덮었다 펼쳐 보세요. 판화처럼 다른 쪽에도 찍혀 나온 걸 볼 수 있어요. 오감 놀이에서 학습으로 발전할 수 있답니다.

5장
사회성 발달 놀이

선생님의 Advice

사회성에는 자기 인식능력, 자아개념, 적절한 의사소통능력, 타인조망능력, 상호 호혜적 태도 등이 포함됩니다. 사회성이란 '나를 알고, 나를 표현하기'부터 시작됩니다. 즉, 나의 내면과 외적 특성을 알아가고, 나의 내면 상태를 주변 사람들에게 적절히 드러내고 소통하면서 사회성은 성장하지요. 나를 어느 정도 알았을 때, 다른 사람의 입장이나 특성에도 관심을 기울이게 됩니다. 유아기 후반 경에는 다른 사람에게 관심을 가지면서 어울리려 합니다. 어울림을 통해 타인의 입장이나 상황을 보게 되고, 나와 생각이 다를 수 있음도 알게 되며, 타인의 비언어적 신호(몸짓, 눈빛, 표정 등)를 통해 그들의 마음을 알아챌 수 있는 능력도 생겨요. 세상에 나와 비슷하지만 다른, 다양한 사람들이 있다는 것을 알고, 이해해보는 건 중요한 경험이에요.

놀이를 통해 나를 관찰하거나 표현해 보는 것은 자아개념을 형성해 가는 아이들에게 중요한 활동이에요. 외모적으로 나는 어떻게 생긴 아이인지, 내적으로는 어떤 성향을 가졌고, 무엇을 잘하고 좋아하는지 알게 됩니다. 아이는 자신의 보물, 자신의 추억 등을 부모가 이해해 주고 존중해 주는 경험을 통해 자신을 더 소중한 존재로 여겨요. 또, 유아기 자아개념은 주변 사람들의 반응에 영향을 많이 받아요. 그래서 결과에 대한 칭찬보다는 아이가 애쓰고 노력해 온 과정에 대해 세밀한 격려를 해주는 게 좋아요. 엄마와 함께 놀이를 할 때도 매 순간 엄마가 충분히 격려를 해주면, 아이는 결과보다 과정이나 노력이 더 가치 있고 중요하다는 것을 알아가게 된답니다.

부모-자녀 관계는 사회성의 첫 단추입니다. 아이 사진을 재료로 하거나 가족신문이나 앨범을 만들면서 서로에 대한 추억과 생각, 애정을 나누는 건 더 없이 좋은 경험입니다. 진실한 마음으로 나누는 대화는 아이로 하여금 상대방의 표현을 관찰하고 경청하게 만들죠. 가족이나 부모의 입장을 생각할 수 있는 아이는 사회성이 발달합니다. 의사소통을 할 때 관찰하거나 경청하는 건 인지적 능력과도 관련되지만, 다른 사람들과 소통하고 어울려 살아가는 데 있어서 아주 중요한 기본이지요.

사회성 발달 놀이

엄마아빠 사랑해요

준비물
막대기(나무젓가락)
도화지, 사인펜, 가위
풀, 표정 스티커

놀이 나이
만 **3~5**세

> 우리 엄마아빠는 항상 헤헤 호호 웃어요.

엄마아빠 얼굴을 붙인 놀이판을 만들어 봤어요.
아이들은 놀이를 하면서 엄마 사랑 아빠 사랑을 한 번 더 느낄 수도 있고,
부모들은 엄마아빠의 흉내를 내는 아이들을 보며 자신이 알지 못했던 습관들을
발견하고 더욱 말 조심, 행동 조심을 하게 된답니다. 아이가 생각하는 엄마아빠의
모습과 평소 표정은 어떤지 느껴 보세요.

Let's make it!

01 도화지에 동그란 모양을 그려 주세요.
▶ 밥그릇이나 통을 이용하면 좋아요.

02 가위로 오려 주세요.

03 얼굴 모양을 그려 주세요.

04 표정 스티커를 붙여 주세요.

05 얼굴 표정 두 개를 만들어서 앞뒤로 붙여 주세요. 앞뒤판 사이에 막대를 넣고 붙이면 손잡이가 됩니다.

06 표정 놀이를 하면서 아빠, 엄마의 모습을 상상해 볼까요?

 **tip**

❶ 엄마아빠의 모습을 두 가지 정도로 표현해 보도록 지도해 주세요. 얼굴을 꾸미는 동안 관찰력, 사고력, 창의력이 자라는 것을 느낄 수 있어요. 아이들과 엄마 흉내, 아빠 흉내를 내면서 같이 놀아주다 보면 어른들도 행동을 조심하게 돼요. 반대로 아이들의 모습을 부모님이 흉내 내면 아이들은 자신들의 모습에 까르르 웃으며 정말 재미있어 한답니다.

❷ 0~2세 아이들과는 웃는 얼굴, 우는 얼굴, 찡그린 얼굴 등 간단하게 표정 놀이를 하면서 얼굴 근육 운동을 해 주어도 좋아요.

5장 사회성 발달 놀이

사회성 발달 놀이 NO.112

추억의 가족신문 만들기

준비물 아이들의 사진 출력, 풀, 가위, 색종이, 색지

놀이 나이 만 3~7세

꼭 어딘가로 놀러가는 것뿐만 아니라 일상에서의 경험 하나하나가 아이들과의 추억이 될 수 있어요. 그 추억을 그냥 마음속에 두는 것도 좋지만 아이들이 쉽게 꺼내어 보고 이야기할 수 있도록 하나밖에 없는 가족신문을 만들어 보면 어떨까요? 신문을 만드는 동안 어떻게 구성할지 아이들과 상의를 할 수도 있고, 추억을 함께 회상할 수도 있답니다.

Let's make it!

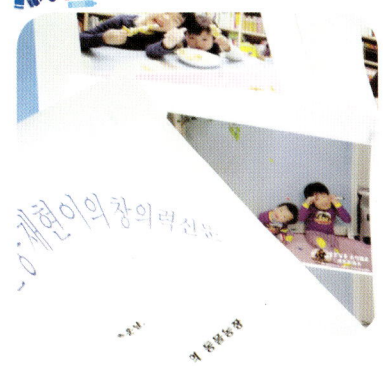

01 사진과 글을 기록한 내용물을 출력해 주세요.

02 색지를 반으로 접어서 신문처럼 넘겨 보듯이 틀을 잡아 주세요.

03 사진을 보면서 아이들과 분류 작업을 해주세요.
▶ 놀이 사진, 요리 사진, 체험 사진 등으로 분류하는 것도 한 방법입니다.

04 포인트로 아이들의 귀여운 사진들을 잘라서 모아 주세요.

05 위치를 정했으면 사진을 하나 하나 색지 위에 붙여 주세요.

06 사진으로만 꾸며도 좋고 색종이를 이용해서 꾸며도 좋아요.

07 아이들이 구성하고 직접 만들어 본 가족신문. 볼 때마다 추억이 새록새록 솟아나요.

tip

❶ 체험학습을 갔다 왔다면 입장권만 붙여도 기념이 될 수 있어요. 또 체험, 놀이, 여행 등 영역별로 꾸밀 때 아이들에게 도움 되었던 것을 포인트로 기록해 놓으면 더욱 좋답니다.

5장 사회성 발달 놀이

사회성 발달 놀이 NO.113

내가 사는 동네는…

준비물 스케치북, 크레파스, 종이, 연필

놀이 나이 만 5~6세

"우리 동네예요. 맛있는 집이 참 많죠?"

항상 엄마랑 손잡고 거닐었던 동네. 우리 동네에는 뭐가 있을까요?
무심코 지나쳤던 길에는 뭐가 있었는지 떠올려 보면서 우리 동네를 표현해 보아요.
자신의 기억이 정확한지 확인도 하고, 관찰력을 키울 수 있어 좋아요.

Let's make it!

01 아이들에게 책에 실린 동네 탐색하는 법과 약도를 샘플로 보여 주세요.

02 아이들과 손잡고 동네를 산책해 보세요.

03 우리 동네에는 뭐가 있는지 연습장에 하나씩 적어 보세요.

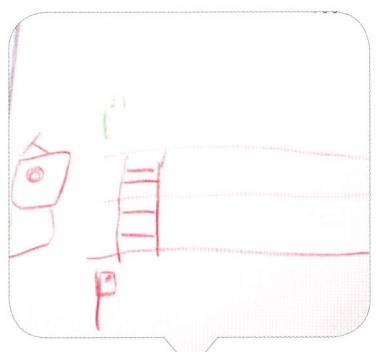

04 그 다음, 집을 기준으로 해서 도로를 중심에 그려 주세요.

05 연습장에 적었던 우리 동네 가게들을 표시해 보세요.

06 약도를 꾸미는 동안 아이들에게 "슈퍼 옆에는 뭐가 있었지? 왼쪽에는… 오른쪽에는…" 등으로 방향 제시를 하면서 방향에 대한 공부도 할 수 있어요.

tip

❶ 아이들이 꾸민 약도를 갖고 아이들과 손잡고 동네를 한 바퀴 돌아보세요. 약도와 실제 모습을 맞춰 보면서 기억력, 관찰력 테스트도 하고, 아이와 이야기도 나눌 수 있으니 일석이조랍니다.

사회성 발달 놀이 NO.114
몸 여행 놀이

준비물: 전지, 크레파스, 신문지, 물감, 과자

놀이 나이: 만 5~7세

> 입으로 들어 온 음식은 이렇게 식도를 통해서 위에 도착하는 거야.

> 뭐라고? 아래로 내려가는 거 같은데?

아이들이 커갈수록 호기심도 점점 많아져요. 특히 몸에 대한 궁금증이 많이 생기나 봐요.
"엄마 이건 뭐예요?" "우리 몸은 어떻게 만들어졌어요?"
하루 종일 질문이 끊이질 않죠. 과학책을 보며 내 몸에 대해서 알아보고,
직접 우리 몸을 그려 보면서 재미있게 호기심을 해결해 봐요.

Let's make it!

01 먼저 책을 통해서 우리 몸에 대해 배워요.

02 신문지를 구겨 주세요.

03 구긴 신문지를 꼬아 주고 물감을 칠해 주세요. 이건 똥이에요.

04 전지를 펴놓고 아이의 몸을 그려 주세요.

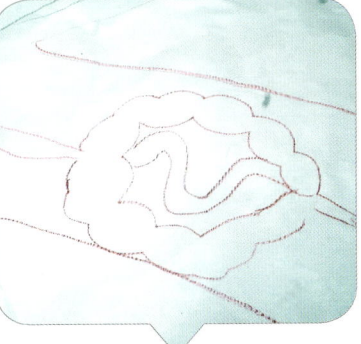

05 책을 보며 신체의 각 기관을 그려 넣어 주세요.

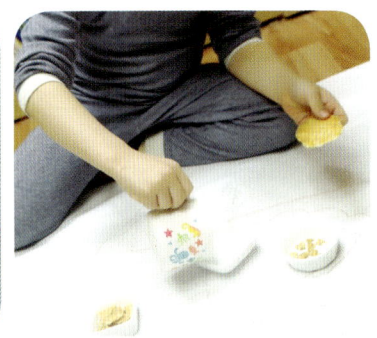

06 음식물이 입을 통해서 식도, 위장 등을 통과하여 똥으로 나오기까지의 과정을 과자와 신문지를 이용해 표현해 보세요.

07 음식물이 똥이 되어 나왔어요. 똥은 미리 만든 ③의 신문지를 활용하면 됩니다.

 **tip**

❓ 책만 읽는 것보다 지도를 그리듯 음식물이 소화되는 과정을 표현해 보면 아이들이 더 잘 이해하게 된답니다. 그림도 그리고 아이들이 좋아하는 과자도 먹으면서 몸 여행을 떠나 보는 것도 좋아요.

5장 사회성 발달 놀이

사회성 발달 놀이 NO.115
그물 액자

준비물
색노끈, 장식 재료, 글루건
비즈, 종이컵, 아이들 사진
가위, 유리테이프

놀이 나이
만 **3~6**세

> 액자 구멍으로 보니 세상이 다 사진 같아요.

> 전에 찍은 사진처럼 표정 지어 볼게요.

요즘은 사진을 대개 USB 등에 저장을 해 놓는 경우가 많지만 그중에서 꼭 뽑고 싶은 사진들은 출력을 해서 앨범에 넣어 놓죠. 아이들이 가끔 사진을 보면서 자신의 모습에 웃고 "예쁘다." "엄마 예쁘죠?"라는 말을 하더라고요. 아이들 사진으로 집을 장식하는 것도 좋은 인테리어 방법인 것 같아요. 아이들만의 스타일로 예쁜 액자를 꾸며서 집에 장식을 해 놓으면 사진이 더더욱 돋보이겠죠?

Let's make it!

01 색노끈을 준비해 주세요.

02 종이컵에 색노끈 시작 시점을 유리테이프로 고정한 후 여러 겹으로 겹쳐 가면서 틀을 잡아 고정시켜 주세요.

03 컵을 빼낸 후 글루건으로 조금씩 고정시켜 주면서 액자틀을 완성해주세요.

04 아이들의 사진을 ③ 위에 올려서 모양을 잡은 후 틀에 맞게 가위로 잘라 주세요.

05 아이들이 원하는 모양으로 장식해 주세요.

06 마무리로 리본 등 비즈로 꾸며 주면 완성!

tip

❶ 아이들과 같이 꾸민 후에 사진을 보면서 이야기를 나누어 보세요. 액자를 색깔별로 다양하게 꾸며 볼 수 있고, 재료도 다양하게 활용할 수 있어요. 장식 재료, 노끈의 색에 따라서 다른 분위기를 낼 수 있답니다.

❷ 0~2세 아이들에게 액자 꾸미기는 어려울 수 있어요. 색노끈으로 안경처럼 둥글게 말아 구경해 보는 것도 좋고 까꿍 놀이를 해도 좋아요.

사회성 발달 놀이 NO.116
나만의 세탁기 만들기

준비물 빈 박스, 쓰레기통, 박스테이프, 시트지

놀이 나이 만 4~7세

> 내 빨래는 내가 할 거에요.

집에 빈 박스가 나왔는데 버리기가 아깝더라고요. 아이들과 무언가를 만들고 싶어 물어 보았더니 세탁기를 만들자고 하네요. 세탁할 때마다 세탁기가 돌아가는 모습이 너무 신기했나 봐요. 아이들이 자신들의 옷을 스스로 세탁하고 싶다고 했어요. 기존에 장난감 세탁기를 사주었는데 크기도 작다 보니 몇 번 쓰다가 고장나 버렸거든요. 박스로 만든 건 겉모습은 조금 부족하지만 수동으로도 이것 저것 작동할 수 있어 아이들이 정말 좋아합니다.

Let's make it!

01 세탁기 크기를 먼저 정한 후에 박스를 테이프로 틀을 잡아서 만들어 주세요.

02 세탁기 입구 구멍을 뚫어 주세요.

03 쓰레기통에 종이를 끼워서 입구에 넣어 주세요.

04 세제통은 상자를 이용해서 칸을 나눠 만들어 주세요.

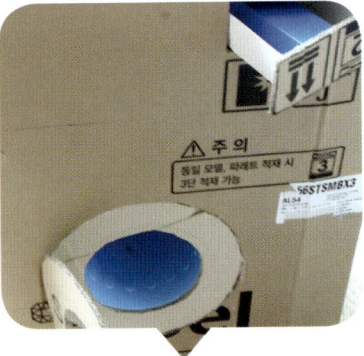

05 ③과 ④를 박스에 끼워 주세요.

06 박스 전체에 시트지를 붙여 주세요.

07 다이얼 주위로 빨래 종류를 코팅해서 붙이고 전원 버튼을 만들어 주세요.

 **tip**

❶ 세탁기를 만들 때 아이들이 빨래를 넣고 여닫을 수 있도록 입구에 자석을 붙여서 만들어 주세요.
❷ 일반 세탁기를 만들고 싶다면 박스 위쪽에 구멍을 뚫어 만들면 돼요.

사회성 발달 놀이 NO.117

여보세요? 나만의 전화기

준비물
요구르트 통 두 개, 볼펜끈 박스, 스티로폼, 샐러드 빈 통 젓가락, 끈, 아크릴물감, 붓 다이얼 스티커

놀이 나이
만 **3~5**세

> 시골에 있는 할머니께 전화해야지.

> 아빠? 오늘 언제 와요?

아이들은 전화기 놀이를 정말 좋아해요. 전화 수화기를 들고 "여보세요?"라고 시작해서 하고 싶은 말을 많이 하죠. 어느 날은 블록을 가지고 놀다가 전화기를 상상하면서 원목나무를 귀에 대고 "여보세요"라고 말을 하면서 전화기 놀이를 하더라고요. 그 모습이 짠해서 전화기를 직접 만들어 보았어요. 아이들이 전화기로 누구와 통화하고 싶은 걸까요?

Let's make it!

01 박스 한쪽 부분을 잘라서 요구르트통 크기에 맞춰 뚜껑으로 잘라 주세요.

02 수화기 받침대로 쓸 스티로폼을 'ㄷ'자 모양으로 잘라 주세요.

03 젓가락을 끈으로 돌돌 말아서 감싸 주세요.

04 샐러드 담는 일회용통을 뒤집어서 스티로폼을 양쪽에 붙여 주세요.

05 요구르트통은 아크릴물감으로 색을 입혀 주세요.

06 끈으로 말아놓은 젓가락을 ⑤의 요구르트통 두 개 위에 붙여서 수화기를 만들어 주세요.

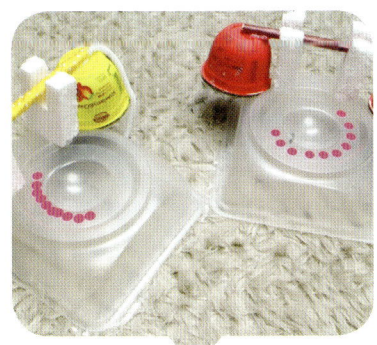

07 ④에 번호 스티커를 붙여 다이얼을 만든 후 볼펜끈을 잘라서 수화기와 전화기를 연결해 주세요.

tip

① 스티커로 다이얼을 표현할 때 아이들이 하고 싶은 대로 붙이도록 격려해 주세요. 꼭 정해진 모양을 고집할 필요는 없어요.

② 전화기를 만들고 나서는 아이들과 수화기를 들고 서로 통화하듯이 대화를 나눠 보세요. 그냥 대화를 나눌 때보다 전화기놀이를 해보니 말도 많아지고 어휘력도 풍부해지는 것 같아요.

사회성 발달 놀이 NO.118

사랑하는 엄마, 아빠

준비물 클레이, 일회용 접시, 눈알장식, 털실 모루

놀이 나이 만 3~5세

> 꼬불꼬불한 머리카락이 똑같아요. 세상에서 가장 사랑하는 우리 엄마예요.

우리 아이가 사랑하는 가족은 누구일까요? 조몰락조몰락 클레이를 만지며 사랑하는 가족의 모습을 상상하면서 표현해 볼까요? 어떤 모습, 특징을 가지고 생각하고 있는지 만들기 놀이를 통해서 알 수 있어요.

Let's make it!

01 클레이 사전탐구의 시간을 가져 보세요. 잡아당겨도 보고 만져도 보면서 점성을 느껴 보세요.

02 얼굴을 표현할 수 있도록 클레이를 동그랗게 빚은 후에 일회용 접시 위에 눌러 주세요.

03 털실로 된 모루로 머리 모양을 만들어 주세요.

04 눈알장식을 이용해서 눈을 표현해 주세요.

05 검은색 클레이를 이용해서 코, 입 등 얼굴을 다양하게 표현해 주세요.

06 엄마를 꾸며 주었어요. 아이가 보는 엄마의 모습을 이야기해 보고, 작품에 "엄마, 사랑해요"라고 뽀뽀도 해주다 보면 자신의 작품에 자신감을 가진답니다.

tip

❶ 가족의 특징을 표현하다 보면 관찰력, 집중력, 상상력이 커져요. 또 클레이를 만지다 보면 소근육도 발달시킬 수 있어요.

❷ 사람 얼굴 외에도 아이들이 좋아하는 캐릭터나 동물, 사물 등을 표현해도 좋아요.

5장 사회성 발달 놀이

사회성 발달 놀이 NO.119

알록달록 솔방울 미니 트리

준비물 솔방울, 아크릴물감, 금줄 장식 재료, 젤리통, 휴지

놀이 나이 만 3~5세

> 조그마한 트리가 너무 귀여워요.

> 큰 크리스마스 트리에 걸어 놓을래.

겨울이 되면 크리스마스가 기대되고, 예전 크리스마스 때 가족끼리 무엇을 했었는지 추억을 말하기도 하죠. 또 크리스마스 하면 트리가 생각나요. 트리는 사서 장식할 수도 있지만 아이들과 직접 꾸며 보는 것도 좋은 추억이 돼요. 거창한 재료를 살 게 아니라 공원에서 흔히 볼 수 있는 솔방울을 이용해 보세요. 동글동글 솔방울로 귀여운 트리를 만들어 놓으니 집 안도 환해지고 아이들 마음도 환해져요. 솔방울은 자연가습기 역할도 할 수 있어요.

Let's make it!

01 젤리통에 색을 칠해 주세요.

02 솔방울도 트리처럼 색을 칠해 주세요.

03 젤리통에 휴지를 구겨 넣어 주세요.

04 휴지 위에 물감을 칠해 주세요.

05 색을 입힌 솔방울을 ④에 붙여 주세요.

06 금줄과 비즈로 화분틀을 꾸미고 장식 재료로 솔방울 트리를 꾸며 주세요.

tip

❶ 놀이를 하면서 신문지 위에 마음껏 색칠해 보도록 격려해 주세요.

❷ 솔방울로는 아이들과 다양한 놀이가 가능해요. 빈 그릇에 물을 담고 솔방울을 띄워 보세요. 솔방울의 입이 자연스럽게 오므렸다 폈다 하면서 자연 가습기 역할을 할 수 있어요. 그 모습을 바라보는 아이 눈빛에서 순수함을 엿볼 수 있어요.

5장 사회성 발달 놀이

사회성 발달 놀이 NO.120
사탕 부케 만들기

준비물: 빨대, 사탕, 초콜릿, 끈, 부케 심지, 리본, 비닐 포장지, 풍선용 빨대

놀이 나이: 만 2~5세

> 실용적이고 우리 아이가 좋아하는 사탕과 초콜릿으로 만든 엄마표 사탕 부케. 인테리어 소품으로도 좋아요.

일 년에 한 번씩 아이들 재롱잔치가 있는 날이면 유치원 앞에 장사진들이 아이들 눈높이에 맞춰 사탕 부케를 파는 경우가 많습니다. 빈손으로 가자니 왠지 손이 부끄러웠던 엄마들이 고민하다가 유치원 입구에서 그 사탕부케를 사게 되죠. 그런데 이 사탕 부케가 사탕 2~3개 꽂아 놓고 만 원을 넘는 경우가 많아요. 돈도 절약하고 아이와 함께 만들어 더욱 의미가 깊은 사탕부케를 직접 만들어 보세요. 특히 아이들이 좋아하는 사탕이나 초콜릿으로 꾸밀 수 있어 더욱 좋답니다. 언제 사탕부케를 받고 싶은지 아이들의 이야기도 들어 보아요.

Let's make it!

01 아이가 좋아하는 사탕, 초콜릿을 준비해 주세요.

02 빨대에 사탕을 포장해서 꽂아 주세요.

03 풍선용 스틱에 초콜릿을 붙여 주세요.
▶ 하나의 스틱에 하나의 초콜릿을 붙여서 꽃다발처럼 다발을 만들어 주세요.

04 사탕과 초콜릿을 꽂은 빨대를 모아 고정시켜 주세요.

05 중간 중간에 리본이나 조화를 붙여 풍성하게 보이도록 해 주세요.

06 사탕 부케 받침에 모든 빨대를 모아서 빼 주세요.

07 레이스나 리본 끈으로 빨대 부분을 감싸 주면 완성.

 **tip**

❶ 사탕과 초콜릿 부분을 투명포장지로 감싸 주면 더욱 예쁘게 꾸며진답니다.

사회성 발달 놀이 NO.121

보물찾기 놀이

준비물 스케치북, 크레파스

놀이 나이 만 3~5세

내가 보물을 어디에 숨겨 두었게요?

아이들이 너와 나를 구분하기 시작하면서 '소중한 것'이라고 생각되면 어찌나 그렇게 잘 숨기는지 몰라요. 어느 날 첫째가 동생 몰래 책과 책상에 물건을 숨기는 것을 보았어요. 그래서 다함께 보물을 찾아보면 좋겠다는 생각을 했지요. 보물찾기 놀이는 아이들이 무척 좋아해요. 아이가 숨겨진 보물을 찾는 보물지도도 그려 보아요.

Let's make it!

01 아이들과 "보물이 뭘까?"이야기를 나눠 보세요. 첫째는 공룡책이라고 했어요.

02 보물을 정했다면 어디에 숨길지 정해 보세요. 그리고 아이가 원하는 곳에 숨겨 보세요.

03 스케치북에 보물지도를 그려 주세요.

04 다 그린 보물지도를 보며 아이의 그림 설명을 들어 봐요.

05 아이들이 복잡하게 그려 놓은 지도를 가지고 보물을 찾으러 가 보세요.

06 아이들은 보물지도를 그리며 책에서 봤던 기억을 살려 다양한 그림을 곁들이는 창의력을 발휘합니다.

 **tip**

❶ 아이들이 읽을 만한 책 중에는 무언가를 찾는 이야기가 가득한 책이 많아요. 보물지도를 만들어 보기 전에 먼저 책을 읽으며 신나게 보물찾기를 해 보세요.

사회성 발달 놀이 NO.122

나만의 거울 만들기

준비물: 과일 보호 포장지, 플라스틱 거울(안전거울), 아크릴물감, 비즈(끈), 글루건

놀이 나이: 만 3~5세

"거울아 거울아 이 세상에서 누가 제일 예쁘니?" 동화 속 공주처럼 거울을 들여다 볼까요? 돌 전후가 되면 아이들은 까꿍 놀이를 시작해요. 엄마가 까꿍을 해주는 것도 좋아하지만 조금만 더 크면 거울을 직접 들여다보면서 자신의 모습을 보고 까르르~ 웃으며 좋아하죠. 나만의 거울을 만들어서 잘생기고 예쁜 나의 얼굴을 살짝 들여다봐요. 직접 만든 거울이라 자꾸자꾸 보고 싶은 마음이 생긴답니다.

 **Let's make it!**

01 거울을 준비해 주세요.
▶ 반드시 깨지지 않는 안전거울을 준비해 주세요.

02 과일 보호 포장지를 준비해 주세요.

03 아크릴물감으로 포장지에 색을 입혀 주세요. 다양한 색을 이용해서 알록달록 꾸미면 더 좋아요.

04 색칠한 포장지 안쪽에 거울을 붙여 주세요.

05 비즈나 끈으로 연결 고리를 달아 주세요.

06 거울에 얼굴을 비춰 보아요. 잘생긴 내 얼굴이 보이나요?
▶ 완성된 거울을 원하는 곳에 걸어 보관해 주세요.

 **tip**

❶ 놀이보다 중요한 게 아이들의 안전이에요. 잘 깨지지 않는 안전거울은 문구점에서 몇 백 원에 구입할 수 있어요.

❷ 아이들이 보기 편한 곳에 거울을 걸어 두세요. 직접 만든 거울을 자주 들여다보면서 아이들이 스스로에 대해 자신감을 갖게 된답니다.

내 아이 창의력을 키우는

엄마표 두뇌발달 놀이

1판 1쇄 발행 2013년 8월 20일
1판 2쇄 발행 2014년 2월 17일

지은이 김주연
펴낸이 고영수

기획편집 장선희 이선일 양춘미
마케팅 유경민 김재욱 ㅣ 제작 김기창
총무 문준기 노재경 송민진 ㅣ 관리 주동은 조재언 신현민

펴낸곳 청림Life ㅣ 출판등록 제2010 - 000315호
주소 135-816 서울시 강남구 도산대로38길 11(논현동 63)
　　　413-756 경기도 파주시 회동길 173(문발동 518-6) 청림아트스페이스
전화 02)546-4341 ㅣ 팩스 02)546-8053
홈페이지 www.chungrim.com ㅣ 이메일 life@chungrim.com
블로그 cr_life.blog.me ㅣ 페이스북 www.facebook.com/chungrimlife
트위터 @chungrimlife

ⓒ 김주연, 2013

이 책은 저작권법에 따라 보호를 받는 저작물이므로 무단 전재와 무단 복제를 금지하며,
이 책 내용의 전부 또는 일부를 이용하려면 반드시 저작권자와 청림Life의 서면 동의를 받아야 합니다.

교정교열 권형숙 ㅣ 일러스트 박지연

ISBN 978-89-97195-35-0 (13590)

* 책값은 뒤표지에 있습니다. 잘못된 책은 바꾸어 드립니다.
* 청림Life는 청림출판㈜의 논픽션·실용도서 전문 브랜드입니다.

샌디에고 모래놀이

- 신체발달
- 창의력발달
- 스트레스해소

샌디에고 모래놀이 화이트

자연과 가장 닮은 놀이 그래서 가장 아름다운 놀이 샌디에고 모래놀이

샌디에고 모래놀이 1kg / 5kg / 10kg

샌디에고 모래놀이 전용 트레이 / 놀이복

샌디에고 모래놀이 화이트 5kg / 10kg

100% 천연재료

KC 자율안전확인신고필증번호
B361H287-2001

샌디에고 원목 모래놀이장

http://www.sandiego.kr   http://cafe.naver.com/sandiegosand   Tel: 031-698-3050

{ 엄마의 마음, 알집매트의 마음입니다 }

ALZiPmat® 알집매트

"알집매트"
아기를 편하게 해주고 싶은
엄마의 마음으로 정성껏 만든
www.alzipmat.com

칼라폴더   COLOR FOLDER

어린이, 특히 유아는 색감에 의해 지각능력과 창조성이 크게 자극받을 수 있습니다.
내 아이의 성향에 맞게 놀이방매트를 선택 해준다면 어떨까요?

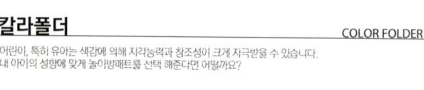
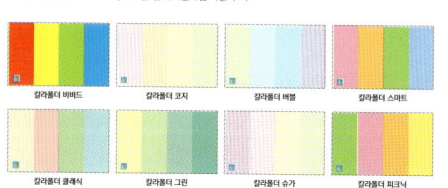

범퍼품   BUMPER POOM

엄마의 품처럼 행복찬 침대, 알집매트 범퍼품은 갓 태어난 신생아때부터 사용하실 수 있습니다. 범퍼품 하나로 범퍼침대, 놀이매트, 유아쇼파, 볼풀장 등 다양한 형태로 변형이 가능합니다.

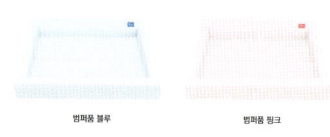

큐브   CUBE

생각하고, 맞춰보고, 쌓아보고 알랑알랑 두뇌놀이! 아이들이 상상력을 발휘하며 재미있는 여러가지 형태를 만들어 갖고 놀 수 있으며, 블록을 완성하는 과정은 협동력과 사회성, 창의력과 협응력의 발달을 돕습니다.

고객감동센터 1577-9887
알집매트 공식 커뮤니티 카페 cafe.naver.com/3noalzip   알집매트 홈페이지 www.alzipmat.com

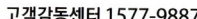

화학페인트, 플라스틱으로 가득한 환경에서
이제 나무향이 솔솔나는 원목! 숲소리로 바꿔주세요.

우리아이에게 안전한 친환경 원목가구! 친환경 원목장난감!
숲소리는 화학페인트를 사용하지 않고 20가지 천연원목의 색을 그대로 사용하여 만든 자연의 가구, 장난감입니다.

 숲소리 　제품문의 02)335-4482　　홈페이지　www.soopsori.co.kr
　　　　　　　　　　　　　　　　　　　　숲소리카페　http://cafe.naver.com/soopsoricafe

Premium children's furniture

Do you know
FUNWOOD?

차원이 다른 우리나라 대표 **순수 천연도장, 최고급 유럽산 레드파인 원목**

어린이 자연가구 펀우드

위!풍!당!당! 중국 OEM방식의 제품들과 **비교를 거부합니다!**

유럽산 레드파인, 화학도장 NO!, 천연오일도장, 100%수공예, Made in Korea

www.funwood.co.kr
고객센터 : 031-529-9939

펀우드는 100% 친환경 원목 어린이가구 전문 브랜드입니다. 검색창에 **펀우드** ▼ 를 쳐보세요!